高校课程思政体系构建
与实践路径研究

朱　杰◎著

中国出版集团 | 全国百佳图书
中国民主法制出版社 | 出版单位

图书在版编目（CIP）数据

高校课程思政体系构建与实践路径研究 / 朱杰著 .—北京：
中国民主法制出版社，2024.1
ISBN 978-7-5162-3499-0

Ⅰ.①高… Ⅱ.①朱… Ⅲ.①高等学校 – 思想政治教育 –
研究 – 中国 Ⅳ.① G641

中国国家版本馆 CIP 数据核字（2024）第 033245 号

图书出品人：刘海涛
出 版 统 筹：石　松
责 任 编 辑：刘险涛　吴若楠

书　　　名 / 高校课程思政体系构建与实践路径研究
作　　　者 / 朱　杰　著

出版·发行 / 中国民主法制出版社
地址 / 北京市丰台区右安门外玉林里 7 号（100069）
电话 /（010）63055259（总编室）　63058068　63057714（营销中心）
传真 /（010）63055259
http://www.npcpub.com
E-mail: mzfz@npcpub.com
经销 / 新华书店
开本 / 16 开　787 毫米 ×1092 毫米
印张 / 10.25　字数 / 195 千字
版本 / 2024 年 4 月第 1 版　　2024 年 4 月第 1 次印刷
印刷 / 廊坊市源鹏印务有限公司

书号 / ISBN 978-7-5162-3499-0
定价 / 68.00 元

　　培养全面发展的时代青年是对我国社会进步的积极响应，同时也是对促进和提升高校思想政治工作提出的新的时代号召和政治要求。课程思政建设的基础在课程，没有好的课程建设，课程思政就将成为无源之水、无本之木。学校应关注相关的课程思政内容，实现人文精神与实践的融合。

　　本书第一章为高校课程思政教育概述，分别介绍课程思政的本质与内涵，以及课程思政建设的意义；第二章为课程思政的理念形成与实践探索，主要介绍课程思政理念的形成、高校思想政治理论教育课程体系构建，以及课程思政实践探索分析；第三章为课程思政模式构建路径，主要介绍高校课程思政建设的培养途径和模式探索，以及互联网思维与课程思政建设；第四章为高校课程思政的育人体系构建，主要介绍如何构建课程思政协同思政课程全方位育人体系，以及不同课程的教学设计；第五章为高校课程思政体系的发展趋势与实践路径，主要介绍高校课程思政育人体系的发展趋势、高校课程思政育人体系的实施路径；第六章为高校课程思政教师专业队伍建设，主要介绍如何增强教师的思政意识、提高教师的思政能力，以及对高校课程思政教师专业素养的发展路径展开分析。

　　撰写本书的过程中，作者得到了许多专家学者的帮助和指导，参考了大量的学术文献，在此表示真诚的感谢。由于作者能力有限，编写时间较为仓促，书中难免会有疏漏之处，希望各位学者、专家和读者批评指正。

目录
CONTENTS

第一章

高校课程思政教育概述

第一节　课程思政教育概述

一、课程

（一）课程的概念

"课程"一词最早出现在唐宋时期，其含义与寝庙、礼乐大道有关，与我们现在所说的课程的意思大不相同。后来南宋朱熹在书中提到的课程主要指学习的进度。而在西方，"课程"一词最早意为跑道，由此引申为学习的进程，这一点与朱熹提到的课程含义相类似。课程的含义随时间的发展也在发生变化，但通常情况下指的是学生学习的科目总和，以及其学习的进程。在此基础上，本书所分析的课程思政中的"课程"一词可以解释为针对高校所有课程，各教育主体根据各类课程的不同内容积极主动地开展教育教学活动的过程，既包括理论课程，又包括实践课程；既包括显性课程，又包括隐性课程。

（二）课程思政在课程方面的特点

1. 寓德于课是首要特点

高校推进课程思政建设，首先应服务于国家战略发展要求，其次应满足个体发展需求。近年来，与高等教育相关的会议和政策文件都明确表明立德树人是教育的根本任务，体现出"立德"于人才培养的重要性，"立德"于课程之中，是课程建设的首要特点。培养社会主义合格建设者和接班人是高等教育的使命，而这其中首要的即是德，表明了德性培养是高校的职责所在。寻求个体发展的前提是拥有健全的人格，即是一个完整的人。先成人，方能成才，而成人先成德，强调道德是个体首先应具备的品质。无论是国家层面，还是个人发展层面，均表明德性是成人的首要条件。

2.人文立课是主要特点

冯骥才曾说，人文精神是教育的灵魂。人文精神即人类的自我关怀，以个人意愿、需求为基础，确保人自由、幸福且有尊严地活着，以促进人类文明发展和进步。明晰人文精神的概念后，再谈人文立课。课程思政建设的出发点及归宿都立足于培养人这一根本问题。为了全面提高人才培养质量，教师要善于挖掘课程中的人文元素，提升自身人文素养，进而更好地实现育人目标。从对教师素养的要求层面来看，课程思政重视人文精神；从课堂教学层面来看，强调以人文素养丰富教学内容，使人文精神贯穿教学始终，让知识教育富有人文趣味。人文立课是课程思政的主要特点。

3.价值引领是核心特点

近年来，国家政府、区域社会、高等院校都意识到育人内容和形式创新的必要性和紧迫性，打破传统课堂教学的壁垒，在育人构成要素的优化中实现创新发展，对于高校人才培养至关重要。从课程思政的具体教学内容来看，以综合素养课、专业教育课和实践课为载体，重在传授知识、培养能力的同时，实现价值塑造，培养学生正确的价值观。价值引领是课程思政的核心特点。

二、高校思想政治课程

（一）高校思想政治理论课

高校思想政治理论课，简称思政课，这不仅是一门大学必修课程，还是帮助大学生树立正确的世界观、人生观、价值观的重要途径，因为它关系到我国的高等教育究竟培养什么样的人、如何培养人，以及为谁培养人的根本问题。思想政治教育理论课在各类大学的教育中是以综合与通识教育模块中的思想政治理论类课程出现的，因此，思政课程既是课程德育中系统进行思想政治教育的课程，也是课程德育的主要输出方式和大学生的思想政治教育的主要来源。教育是国之大计、党之大计，承担着立德树人的根本任务。

高校思想政治教育工作面临的环境愈加复杂，单纯依靠思想政治理论课或是课程德育，已很难适应思想政治教育的现实发展需求，也不利于立德树人目标的实现。所以，高校思想政治理论课改革的对策研究进入了新时代，课程思政的理念与实践应运而生。

（二）高校思想政治理论与实践相结合

1. 思想政治理论教育

高校通过思想政治理论课的课程，加深了大学生的思想政治知识底蕴，而思想政治理论课的主要方式为理论灌输法。理论灌输法不仅体现在相关的课程中，也体现在党组织推优及党员培养的思想政治教育方式上。①通过对团员的推优，安排学习党课知识，配合完成党内实践活动等，在思想政治教育的过程中完成团员向党员政治身份的转变。②通过对党员党内知识的培训、定期召开党内学习会议等活动，一方面考察和考核学生的思想意识和行为道德，另一方面更加强化了学生的政治素养。这种教育方式一般以非固定课程教育的形式在高校大学生中开展。这些理论课程中，不仅包含了马克思基本原理、方法及思想精髓的讲授，还包括对马克思主义中国化的具体内容的讲授。从目前来看，高校的理论灌输法的具体教学模式和环节是高校开展思想政治教育最基础，也是最高效的方式。

2. 通过实践锻炼法开展教育活动

简而言之，就是通过计划合理、目的明确的理念，引导和组织高校学生参加形式多样的、能够提升其思想意识和道德素质的社会实践性活动。在多样化的实践锻炼活动选择中，既要顾及大学生的年龄特点、性格特征、学习能力，以及不同年级等多方面因素，也要同时兼顾将适当的教学内容加以融入，彰显实践活动的教育性。通过实践教育活动，提升大学生的思想觉悟和认知能力，强化理论灌输的效果，达到理论知识内化的目的。但是，为数不多的实践活动所呈现的教育力度和成效是微乎其微的，因此高校必须长期坚持实践活动，才能使大学生在反复的实践中提升认知，并将认知内化为自身信念。

3. 提供咨询辅导

除此之外，高校思想政治教育的方式还包括咨询辅导法。该方法指教育者通过语言、文字等形式，并结合专业的科学理论和指导技巧，与受教育者进行沟通交流，对其进行思想启发和心理引导。

（三）思想政治教育的其他学科视角

1. 教育学的知识借鉴

教学活动是教育学体系的关键要素之一，教学活动包括课程内容的总体设计、课程活动的主体与客体、教学目标、教学手段、教学达成效果等部分。可以说教学活动的整个流程，与教育学中对于教学活动的研究是不谋而合的，因此要以教育学中关于教育规律和教育活动的基本原理为参考和借鉴，从而构建出优质、高水平的思想政治教育教学体系。教育学为思政教育对如何组建课程活动、开展实践活动提供客观依据，并从教师的角度入手，揭示教师如何规范地实施教学过程，学生如何高效地参与到教学活动当中，为教学打造一套可遵从的规范，还要注意必须保持和教育学研究的核心内容相一致。要从教育学中的关注点，即通过德育来探讨内容、原则、方法和评价的确定。

2. 心理学相关依据

掌握心理学在教育中对人的影响过程，是思想政治教育进行构建的基本点，使学生在教学过程中达到所要求的思想政治品德，这一过程也反映出了个体内心活动的变化和心理的起伏过程。心理学的相关理论和方法能将学生思想品德形成过程的心理活动展现得淋漓尽致，有利于深入挖掘构建切实可行的教学过程的方法。在分析研究这一过程的基础上，抓住内部规律，构建适应学生心理特点的思想政治教育规律。在这一过程中，心理学中需要、动机和意识的形成等相关理论，也为思想政治教育的研究寻找了新的切入点，使构建的思政课教学具有全面性与广泛性，经得住各门学科的检验。

三、课程思政概述

（一）课程思政的内涵界定

课程思政是一个政策概念，是为应对人才培养新形势提出的关于课程教学的新要求、新方向，并具体化为一系列新政策。对课程思政的本质内涵挖掘，要做到"知其然，必知其所以然"，因此开展课程思政内涵界定就要从事物的产生源头，也就是课程思政的政策来源，进行政策文本分析和政策背景分析，从而把握住内涵的准确性、方向性及时代性。

1. 课程思政政策分析

课程思政，从字面上来看，"课程"即所有课程，"思政"即思想政治。对课程载体的认识相对易于形成一致的理解，但在理论和实践中，对于"思政"的属性、价值和内涵的理解则各有不同。所以非常有必要将课程思政生成的直接政策文本作为理论来源，通过回归本源来分析国家政策制定的依据和意图，从而确定这一政策概念的内涵实质。

（1）课程思政属于教学行为。高校课堂教学改革的实施目标是开展课程思政，课程思政在行为性质上属于一种"课堂教学改革"行为。因此，课程思政的行为实质是有别于高校长期以来实施的"大学生思想政治教育"的。课程思政属于把教书、育人结为一体的教学工作，是教学行为。而传统的高校学工系统、团学系统开展的大学生思想政治教育、学生教育管理等是教育行为，但不属于教学行为或教学改革行为。课程思政使思想政治工作回归于课堂教学，思想政治理论课也是以课堂为主要载体，但课程思政是课堂教学中开展思想政治工作的教学行为，落脚点在于"教学"。

（2）课程思政培养目标。课程思政的培养目标与思政课程一致：培养社会主义建设者和接班人。"使各类课程与思想政治理论课同向同行"更是在政策文本层面直接表达了课程思政的实施方向，就是思想政治理论课的教学、价值方向。课程思政的育人方向和思想政治理论课的培养目标是一致的，课程思政就是以立德树人为根本任务，与思想政治理论课协同育人，实现培养社会主义建设者和接班人的目标的教学行为。

2. 课程思政政策社会背景分析

（1）立德树人之"德"是指对党的政治认同。课程思政教学改革主要是服务于高等教育立德树人这一根本任务的，通过政策文本来分析得出立德树人所树立的"人"是社会主义建设者和接班人。而"接班人"在新的历史时期所应秉持的"德"的属性则需要通过对课程思政提出的特定社会背景和时代背景来分析和把握。一直以来，中国共产党始终强调教育应树立"大德"的问题。1938年在抗日军政大学，毛泽东提出了学员"首先是学一个政治方向"，并围绕当时的社会形势提出了革命和建设的"大德"要求，也就是人才培养的政治方向问题。因此，高等教育立德树人根本任务首先要抓牢"大德"的基础方向和关键地位，立志培养政治理想坚定、拥护社会主义道路和中国共产党方针政策的建设者和接班人。课程思政作为这一任务的直接教学承载，要求教师在课堂教学中与相应知识点所结合的"德"应体现"大德"的首位度，坚持将"大德"作为"公德"和"私德"的统帅，明确课程思政教学的道德教育呈现应是以拥护社会主义道路、支持社会主义建设的政治方向。

（2）课程思政的核心任务。课程思政的核心任务是培养大学生成为我党的坚定支持者。我国是中国共产党领导的社会主义国家，必须重视培养社会主义的建设者和接班人，重视培养立志投身于建设社会主义事业的有用之才。实现培养社会主义建设者和接班人根本任务的第一要求，就是拥护中国共产党的领导。社会的团结稳定需要一个强有力的政党来对社会进行有效整合，是历史也是人民群众选择了中国共产党，党的执政地位具有天然的合法性和时代的必要性。因此，课程思政所坚持的核心价值就是培养和巩固大学生群体的政治认同，使大学生群体成为我党的坚定支持者。

（二）课程思政内涵界定的意义

1. 明确了"思政"的内容和目标价值

实施课程思政的过程中，不是不可以在课堂教学中开展一般道德层面的德育教育，而是要重点强调当前高等教育立德树人根本任务所体现的，应是坚决拥护党的领导、培养社会主义事业接班人的政治目标，与"课程德育"理念有着本质上的区别。高等教育立德树人之"德"主要是围绕大学生的政治方向培养，而德育指的是一般意义上的个人道德、职业道德、社会公德等，也就是说，公德和私德是针对全体国民的共同倡导和一般道德要求。而课程思政所体现的立德树人为"大德"，是建立在公德和私德基础上的。对高级专门人才来说，无论是职业院校的应用型人才还是普通本科院校的专业人才，无论是专科生、本科生还是研究生，都必须具备正确的政治方向和良好的政治品德，明确课程思政中"思政"的本质内容和价值意义。

2. 对高校教师的思想政治水平提出了新要求

在高等教育的现实环境中，师德师风一般就是指教师的职业道德、个人品德，传统意义上的师德只强调公德和私德。特别是一些高校、一些行业应用性较强的专业，一部分教师直接来源于社会从业者，比如医学类、艺术类等专业；还有很多高校的教师都有出国学习、从业的经历。缺少教学经验、教师执业培训不到位、对教师职责理解不到位等，导致了在教育教学过程中，部分教师认为不违法、不违规、不违背基本道德就是良好的师德师风，认为只要不产生教学事故，把专业知识讲解清楚，课堂内外都注意教师形象，守住师德底线，这些就是课程思政教学的落实。也有部分高校的教学管理者认为教师只要把课上好，就是在落实课程思政。通过对课程思政内涵的深入分析，我们就必须强调课程教学中应贯穿的政治认同教育功能，须始终坚持教师教书与育人双向结合。要求教师不仅要把课上好、把书上的内容教好，更要体现知识传授与知识运用方向的统一。教师要在履行和维护师德师风的前提下，加强对政治理论的学习和对课程思政的培训，坚持对党的领导，政治道路与政治体制真学、真懂、真信，从而身体力行、潜移默化地影响学生，实现课程思政的"思政"隐性教育，真正做到"润物无声"。

（三）课程思政的内涵

课程思政作为一种新兴的、综合的教育理念，近年来成为众多专家学者的研究热点，其中对其概念的界定也都有所不同。通过对大量文献资料详尽的研读，学者们对课程思政的内涵有着近乎相同的见解，仅在表述视角上存在一定的差异，其表达的内涵与本质是相近的。课程思政不是课程与思想政治教育的简单拼凑，而是通过推进全课程育人建设，进一步落实立德树人教育目标，充分尊重各类课程的学科特性和教学规律，推进课程教育教学改革，提高学生的综合素质，增强高校思想政治教育成效，努力实现培养德智体美劳全面发展的社会主义建设者和接班人的根本目标。

与思政课程相比，课程思政的外延及内涵都得到了极大的拓展。思政课程主要就是思政课任课教师通过思政基本理论课程的讲授，帮助学生树立正确的世界观、历史观和人生价值观。课程思政的外延不仅包括思政课教师，还包括高校其他教师、管理人员、相关工作人员，在其他课程的授课甚至管理工作、日常工作中，都要结合自身的工作发挥教书育人的作用。从内涵上看，课程思政更是非常丰富。内容上除了传统的三观教育外，还要将中国特色社会主义发展中的最新理论成果带进课堂，将相关时事政策及时传达给学生。在教育的理念上，要按照习近平总书记的要求，做到教育的"八个统一"；在教育的手段上，要从课堂走入生活，从传统教学走向现代化教学，不断丰富教学的方式和手段。作为全新教育理念的课程思政，是指通过将思想政治知识渗透到更多的课程中，从而达到学生思想政治水平全方位提升的目的，实现思政教育成效最大化。

课程思政就是高校为了落实立德树人根本任务，以实现培养社会主义建设者和接班人的根本目标，在对学生传授学科专业知识的同时，广泛开展以拥护中国共产党的领导为核心的政治认同教育，为学生建构一个与思想政治理论课同向同行的课程环境。具体展开则体现在如下两个方面：其一，从课程内容来看，要充分结合各类专业课程和思政课程的知识内容及附带的教育教学资源，进行深入挖掘，加强课程内容丰富化、通俗化、可视化的建设；其二，从建设主体来看，主要是高校一线教师，他们处于高校课程思政建设的"前沿阵地"，需要帮助其转变思想观念，牢牢树立课程思政建设的信念，加强教师德育思政方面的教育培训，提升其政治素养，培养教学能力，加强不同专业课程之间的协同效应。

（四）课程思政的根本任务——"立德树人"

在传统语汇中，"立德"和"树人"是分称的，各有其意。"立德树人"成为一个重要"论域"，是以2007年8月31日胡锦涛同志在全国优秀教师代表座谈会上的讲话为标志。党的十八大将"立德树人"正式确立为教育的根本任务。很长一段时间，学界基本达成这样一种共识：立德树人是一个德育命题，强调育人必须坚持德育为先。这虽有一定道理，但也值得商榷。立德树人强调德育，但是强调德育并不等于立德树人，前者充其量只对应"立德"的概念，而无法囊括"树人"之意涵。所谓"立德树人"，"立德"是树立德业，"树人"指培养人才。前者强调的是人之为人的根本，后者强调的是人才培养目标的全面性。"立德树人"思想中的强调德育是与全面树人理念相联系的，是在德育为先前提下的全面树人以及全面树人基础上的德育为先。从"立德""树人"的原意（尤其是后者）中不难看出"立德树人"的意蕴之广——不仅关乎德育，还包括体、智、劳、美等诸育，力求培养德才兼备、和谐发展之人，这也正是"课程思政"的根本旨归所在。统而观之，人才培养是一个育人育才协同并进、不可偏废的过程。其中，育人是育才的前提条件和必要基础，有德无才至多培养"半成品""残次品"，有才无德却可能造就"危险品"；育才是育人的继续深化和必然要求，"有德而无才者虽不能造福一方，但总能行走于世"，但若只求成人不求成才，国家建设、社会发展和民族复兴也就无从谈起。因此，必须实现育人育才的"共赢"，使我们的大学所培养的是真正的"人才"——既非钱理群教授所批判的"精致的利己主义者"，也非威廉·德雷谢维奇（William Deresiewicz）笔下"常青藤的绵羊"，更不是梁思成先生口中的"半面人"或"半个人"，即"只懂技术而灵魂苍白的空心人"或"不懂技术而侈谈人文的边缘人"。这就要求"课程思政"一方面应当实现对于专业课、综合素养课等非思政课程的思想政治价值引领；另一方面，也要使专业课、综合素养课等非思政课程积极为思想政治理论课提供学术资源和学科支撑，尽可能地让所有课程都能达到教书育人的统一，使学生都能结合自身条件实现德才兼备、和谐发展的终极愿景。

党的十八大以来，习近平总书记关于立德树人、思想道德建设、社会主义核心价值观培育等系列讲话中，提出了一系列紧扣时代主题的新观点、新思想、新论述，发展了高校立德树人的内涵，明确了立德树人的要求。2016年12月7日至8日，在北京召开了全国高校思想政治工作会议，这是在新形势下中央召开的首次全国高校思想政治工作会议，在中国高等教育事业发展史上具有里程碑的意义。会议上也提出了"把思想政治工作贯穿进教育教学全过程，实现全程育人、全方位育人"，教育引导学生形成"四个正确认识"，做好高校思想政治工作的"三个要求"和"三个规律"，推动高校思想政治工作改革创新的"四个方面"等重要内容，为高校落实立德树人根本任务指明了方向，明确了内容，提供了路径。党的十九大又做出了"中国特色社会主义进入新时代"的重大判断，这一重大判断赋予高校思想政治工作的理论遵循、目标任务、内容形式以及新的时代内涵，为推动高校思想政治工作创新发展、科学发展提供了时代坐标和科学依据。党的十九大报告指出"全面贯彻党的教育方针，落实立德树人根本任务，发展素质教育，推进教育公平，培养德智体美全面发展的社会主义建设者和接班人"，强调"立德树人"的重要性，进一步培养社会主义建设者和接班人的指向，以习近平新时代中国特色社会主义思想作为高校思想政治工作的指导方针，立足新起点、勇担新使命，以更宽广的视野、更高远的境界、更科学的思维进行整体思考和全局谋划。2018年9月10日，全国教育大会在北京召开，这是一次具有里程碑意义的大会。在会上，习近平总书记对于建设教育强国提出了一系列新思想、新观点和新要求，在多个维度上阐释了"立德树人"的重要意义、具体方法和价值导向。"坚持把立德树人作为根本任务""我们的教育必须把培养社会主义建设者和接班人作为根本任务，培养一代又一代拥护中国共产党领导和我国社会主义制度、立志为中国特色社会主义奋斗终身的有用人才""把立德树人融入思想道德教育、文化知识教育、社会实践教育各环节，贯穿基础教育、职业教育、高等教育各领域，学科体系、教学体系、教材体系、管理体系要围绕这个目标来设计，教师要围绕这个目标来教，学生要围绕这个目标来学。凡是不利于实现这个目标的做法都要坚决改过来""要深化教育体制改革，健全立德树人落实机制，扭转不科学的教育评价导向"。

这些重要论述蕴含着两方面意蕴，一方面将"社会主义建设者和接班人"作为"培养什么人"总体规格的回答，并且进一步阐释了"社会主义建设者和接班人"在思想意识方面的关键特征，即"拥护中国共产党领导和我国社会主义制度、立志为中国特色社会主义奋斗终身的有用人才"。另一方面，又一次确定了立德树人要融入各个环节，贯穿各个领域，要作为衡量高校办学的标尺，要成为教育评价的导向，健全立德树人的落实机制成为重要课题。与此同时，在这次大会上提出了"德智体美劳全面发展"，是党和国家对于新时代人才培养以劳育德、以劳增智的新要求，体现了其育人价值和社会价值，与"四育"产生了深刻的内在联系，共同指向社会主义建设者和接班人的培养问题，使得高校立德树人内涵与意蕴得到了更为深远和丰富的发展。

以立德树人的目标引导课程思政育人共同体，统一思想认识，形成育人意识，达成价值认同。以协同的体制机制构建课程思政育人共同体，坚持党的领导，形成各部门齐抓共管的育人格局。以系统的制度体系固化课程思政育人共同体，通过建立健全责任制度，把各项任务落实到个人，形成严格的责任链条；激励全体教职工积极主动承担育人职责；完善各项保障制度，以推动课程思政工作深远持久地进行，强化课程思政育人工作效应和意识，保障课程思政工作行稳致远。

习近平总书记在党的十九大报告中指出："青年兴则国家兴，青年强则国家强。青年一代有理想、有本领、有担当，国家就有前途，民族就有希望。中国梦是历史的、现实的，也是未来的；是我们这一代的，更是青年一代的。中华民族伟大复兴的中国梦终将在一代代青年的接力奋斗中变为现实。"这是我党对时代新人的定位与期待，亦是对高等院校在时代新人培养方面的要求与嘱托。习近平总书记在全国高校思想政治工作会议上强调，"要坚持把立德树人作为教育教学中心环节，把思想政治工作贯穿教育教学全过程，实现全员育人、全程育人和全方位育人"。党的二十大报告提出："全面贯彻党的教育方针，落实立德树人根本任务，培养德智体美劳全面发展的社会主义建设者和接班人。"浇花浇根，育人育心。培养担当民族复兴大任的时代新人，德是首要、是方向，一个人只有明大德、守公德、严私德，其才方能用得其所。立德树人，关系党的事业后继有人，关系国家前途命运。必须始终坚持社会主义办学方向，坚持把立德树人作为根本任务，办好人民满意的教育。课程思政以思政课程的天然价值引领为起点，与高等院校开设的专业课程相互协同，聚焦时代新人培养目标，形成系统合力。在立德树人培养过程中，课程思政建设具有多元功能，这是因为课程思政与时代新人的天然特质具有内在的契合性，在时代新人培养和课程思政建设的实践中，通过动态耦合可以促进二者同向同行、协同发展。有鉴于此，把价值引领贯穿于教育教学始终，切实构建全员、全过程、全方位的育人格局，才能培养出个人思想与国家理想同心同向，个人本领与社会发展高度一致，个人担当与历史进步同频共振的时代新人。

马克思主义认为，人的本质在其现实性上是一切社会关系的总和，人是教育的目的而非手段。课程思政日益成为新时代高等教育理念的新共识。新时代的高等教育不仅应当重视知识传输，更应当注重价值引领。结合我国实际，新时代高校立德树人使命的达成与时代新人培养目标的实现可以被视为同义表述，因此，高校需要注重系统性、目的性、方法适用性，科学地遵循人的成长规律和教育事业的发展规律。中国特色课程思政体系建设必须矢志不渝地坚持习近平新时代中国特色社会主义思想，以立德树人为出发点和落脚点，坚持立德树人方向，为中华民族伟大复兴培养德才兼备的时代新生力量。所以，课程思政体系建设与立德树人培养的理论与实践在逻辑上存在必然的契合性。

（五）课程思政的基本构成

课程思政反映了实施高校思政课改革的新探索，即按照思想政治理论课、综合素养课及专业课三类课程功能定位，从内容建设、教学方法、师资团队乃至互联网手段载体运用等途径推进改革，通过多维专业以及名人效应等角度吸引学生广泛参与，实现全课程育人。高校思想政治理论课程形成了"4+1+X"的课程体系，主要包括4门必修课和1门形势政策课（简称"4+1"）以及"中国系列"思政课选修课程，这些共同构成了对大学生进行思想政治理论教育的核心课程。如果说这类课程承担着显性的思政教育功能，那么挖掘综合素养课程和专业课程思政教育元素，则具有隐性的思政教育功能。课程思政将显性教育功能与隐性教育功能相结合，从而构建出思政理论课、综合素养课程、专业课程"三位一体"的高校思政教育课程体系，实现从思政课程到课程思政的转化。

1. 思政课程

思政课程教授学生的内容是以马克思主义基本原理为基础的理论知识。课程思政的建设是推进高校落实立德树人教育的有效途径，是对学生进行德育的方式之一。思政课程是育人的主要课程，因此在课程思政建设的过程中，不能忽视思想政治理论课育人的主渠道作用。加强对思政课程的重视需要对马克思主义学院进行重点建设。

2. 专业教育课

在教授专业知识的过程中，应融入思政元素，进行思政育人的相关工作。对大学生开展高校思政教育的同时，要深化教学改革，拓展本学科知识的应用面，进一步发挥本专业的育人作用。

3. 综合素养课

它是高校课程思政建设的内容之一。在综合素养课课堂教学之中，结合时事热点具体分析时事内容，突出知识的内涵与价值，不仅能提升大学生学习知识的能力水平，还能教会学生待人处事的策略和潜在的技巧，最终培养大学生健康良好的品德性格。因为综合素养课内容的变化性相对突出，所以授课教师应该从内容入手，在提升学生兴趣爱好的同时，通过潜移默化、润物细无声的模式将科学知识、正确的价值观教授给大学生。

4. 第二课堂

第二课堂是指高校课堂之外的教育教学实践。相比课堂教学，高校第二课堂并没有一定的教学大纲，没有要求课程在规定的时间内完成教学，它更加灵活机动。通过高校第二课堂建设，可以将思政教育基本要求、立德树人根本导向融入第二课堂，这既是对第一课堂的补充，也是将课堂知识付诸实践的有利渠道。另外，第二课堂建设形式多样，平台众多，可以综合利用各种先进的信息技术和一定影响力的平台资源，使得高校大学生思政道德素质等内容内化于心、外化于行。

（六）课程思政的基本特性

1. 广泛性

课程思政强调将思想政治工作落实到每一门课程中去，全面实现"三全育人"模式，努力为我国高等教育发展创造新局面。现阶段，《毛泽东思想和中国特色社会主义理论体系概论》《思想道德基础法律修养》是学校开展思想政治教育的主要课程，其课时数量在全部专业人才培养方案的课程设置中只占了很小一部分，且均以大班课形式进行授课，学生听课效果较差。相比之下，专业课在专业人才培养方案设置中占比较大，因此，在专业课程中实施课程思政，就会成为一个巨大的优势。专业课程不仅门类众多，而且在人才培养过程中受重视程度较高，均以小班课形式进行授课，学生反响很好。各类专业课都有其自身独特的特点，依托专业课平台实施课程思政，一方面可以形成协同效应，提升学习思想政治教育的积极性；另一方面可以有效提高思想政治影响力，全面提升"三全育人"效果。

2. 显性特征

课程思政的显性特征主要包括四个方面：一是高校思想政治教育实现一体化衔接；二是高校思想政治教育实现内部贯通；三是高校思想政治教育实现体系创新；四是要求高校思想政治教育实现理论夯实。

具体来看，一体化衔接主要是为了解决在推行课程思政过程中不同专业学科之间、不同学历水平的大学生群体、不同教师层级之间存在的定位不清、认识不深、内容不明确等问题，以达到统一行动、统筹规划，逐步推进高校思想政治教育发展的目的；内部贯通指的是无论是管理层、师资层、学生层，还是课程本身，都需要衔接紧密，真正做到衔接有序、张弛有度、交流贯通、组织无碍；体系创新是指对于不同高校、不同地区、不同专业，不能拘泥于特定的思想政治教育模式，应因地、因时、因人而异，灵活有度；理论夯实是指有关思想政治教育的相关内容不能是"无源之水"，需要结合哲学社会科学学科内容进行理论创新，全力支撑课程思政的理论需求。

3. 隐教性

目前思想政治教育采取显性教育和隐性教育的结合的方式。显性教育就是思政老师直接讲授思想政治理论课，无论是授课方式还是教材内容，均以显性直接的形式进行呈现，课程教学比较传统，学生被动地进行认知学习；而课程思政采用隐性的、内潜的教学方法，使学生潜移默化地接受道德教育。课程思政的隐教性特点一方面体现在从专业课程教学中挖掘隐藏的素养元素和思政元素，使其渗透于相关教材和教学内容之中。课程思政新增了素养目标，旨在结合专业相关背景和知识，宣扬社会主义核心价值观，提升学生的综合素养，为国家培养德才兼备的职业技能型人才。课程思政的隐教性特点另一方面体现在专业课教师的润物细无声的课堂教学方式上。教师对专业知识的教学是显性的，而在专业课课堂中加入思政元素，如探索和专业相关的名人事迹或行业文化，就是隐性的渗透式教学方式。让学生通过各种专业课程学习，可以在无形之中得到思想教育，自觉树立个人的理想信念。

4. 融合性

课程思政将专业课程的内容与思政元素相结合。在设计教学内容时，专业课程的教师根据专业知识的特点、行业的具体情况，以及学生的未来职业发展计划，挖掘学科知识中的育人要素，并通过多样化的教学方式将其整合到课堂教学过程中，引导学生在学习专业课知识的同时提升思想政治素养。还要将专业知识能力目标和素养目标相融合。专业知识能力目标是提高学生在实践中运用理论知识的能力，并鼓励他们熟练掌握操作技能；素养目标则是在专业课程中渗透课程思政元素，培养思想政治素养，提升职业道德，使学生成为合格的社会主义建设者和接班人。只有有效地将这三大教学目标相结合，才能更好地培养学生勤奋好学、积极钻研的学习态度。思想政治教育的显性教育与隐性教育虽然在定位、要求、教学方式等方面存在差异，但两者在政治层面的实际属性和需求是一致的，本质是面向大学生开展思想政治层面的教育。

5. 创新性

课程思政是为了适应新时代所呈现的新特点而进行的积极探索和创新性发展，在传统的以知识传授为主导的教学基础上，强调在专业知识传授过程中价值观输出的重要性，将思想政治元素和各类课程专业知识在课堂教学活动中进行有机结合，提升学生的思想政治素养。通过教育实践形成教育新理念，进而弥补专业课程在育人环节的不足。探索课程思政的创新性发展要牢牢把握不同学校的突出特点，形成各自的正确经验，将思政课程与其他课程紧密联系，协同发展，帮助并引导学生选择正确的成长方向，提升学生的辨别能力，推动学生整体水平的提高。近年来，许多高校紧密结合地方特点，因校制宜，坚持教材创造、制度创新，走出了一条符合本校特色的课程思政之路。

6. 渗透性

为了实现课程思政立德树人的目标，思想政治教育工作不能仅仅局限于具体的思想政治理论课，因此，必须加强各学科的协同与合作，不失时机地在专业课程教学中开展与专业教学内容相关联的思想政治教育。例如，在对自然科学的科学原理、科学发现的讲授中，必然涉及科学精神、探索精神、献身精神等；不少自然科学的理论同样适用于人文社会科学以及人类的处世原则，等等。这些渗透在专业课程中的思想政治教育资源，就是开展课程思政的丰富资源，它们深度融于各学科的专业知识之中。课程思政不是强制性的理论灌输，而是通过润物细无声的方式在专业课程的教学过程中巧妙地渗透思想政治教育元素。就此看来，课程思政本质上是对一种理念与价值的培育与输送，具有一定的渗透性。

第二节　课程思政教育的本质意蕴

近年来，学界围绕课程思政的概念内涵、价值意义、路径方法等因素进行了诸多建设性探索，课程思政也逐渐成为高等教育教学改革的主要创新点和突破点。通常来讲，可以从广义和狭义两个层面理解课程思政。广义的理解指在高校中通过所有课程进行全面、系统育人，而狭义的理解则是将上述"所有课程"限定为思政课程以外的课程，尤其聚焦于专业课程的育人功能。在课程思政广义理解上，学界对其学理性研究保持了高度一致，在此无须赘述，但在狭义理解上的专业课课程思政研究，尚有一些较深层次的问题等待挖掘，有一些误区和偏见亟待厘清。因此，有必要帮助专业课课程思政，在如火如荼的形势下厘清误识，重塑课程思政的本真形象和特质，从而更好地指导和服务课程思政建设实践。

其实，课程的设置和教学过程不仅要以传授知识为目标，更要通过各种方式引向思维和能力培养的深处，使学生深刻感知到知识和规律发现背后的理性逻辑、艰辛过程和感人故事，真切感受到知识发现者身上有温度的理念情怀、人格操守、德行风骨、价值追求，使刻板的专业教育升华为情感和道德育人，使知识在课堂传递中跃动人文旋律、在理性推演中注入精神活力、在思维碰撞中构建价值取向，将这种奋发有为的求知态度内化为服务学科专业发展、服务国家和社会进步的不竭动力。因此，课程思政是为顺应新时代人才发展需要，在高校课程中开展的综合性教育效果提升工程，它既服务于立德树人总目标，又服务于课程教育和知识体系，从专业上培养能力过硬、具有基本科学素养的合格建设者，从道德上培育值得信赖、具有坚定政治素养的可靠接班人，使有血有肉有灵魂的专业课教学成为塑造时代新人的主渠道。围绕这一点展开讨论，就能较为清晰地分辨哪些是关于课程思政的误解和偏见，哪些是其本质意蕴。

一、课程思政的镜像之喻

时下有关课程思政的比喻大都生动形象，但较为流行的几种比喻，往往只是反映和放大了课程思政某一方面的特征，成为一种缺失完整性理解的"镜像之喻"。

（一）几种流行的课程思政镜像之喻

1."拓展说"

"拓展说"是流传最广的课程思政比喻，它认为课程思政是思政课程的一种拓展，增加了思想政治教育的载体和渠道，从而将思想政治教育融于专业课、通识课之中，使各类课程出"思政味"。"拓展说"虽意识到了课程思政肩负的育德任务，但却有较为明显的缺陷。首先，它割裂了课程内部的知识结构与育人元素、育人功能的联系。"拓展说"与类似的内嵌、互嵌关系说一样，都强调外部思想政治教育的渗入，而忽视了原生于专业课程内部的育人效果。课程思政实际上是专业课程主动性的升华，2020年6月，教育部组织召开的全面推进高校课程思政建设工作视频会议就强调，要充分发挥好专业课教师"主力军"、专业课教学"主战场"、专业课课堂"主渠道"的作用。其次，外部"添加"的方式有待商榷。课程思政既不能被理解为"课程+思政"的物理反应，也不能被理解为是一种化学反应，因为最优质的思政育人功能本身就蕴含在课程中，而不是从外部添加。如果视其为一种拓展，就有可能过度关注拓展部分的内容和拓展的方式，而不是关注课程教育本身。所以，课程思政关键在于如何把这碗"白米饭"做得香甜，而不是非要将"白米饭"变成"八宝粥"。

2. "挖矿说"

"挖矿说"认为课程思政就是到课程中挖掘思政育人元素，以此凸显课程的育人价值。这一学说虽然在"思政元素埋藏于课程内部"的预设下，实现了课程内容专业育人和价值育人的统一，但在两个方面难以自圆其说。首先，机械化地看待专业课程。与"拓展说"相反，"挖矿说"预设了各类学科、各门课程都蕴含丰富的思政元素。这是值得肯定的，但是这些元素的大小、多少、挖掘难易度却有较大区别，"挖矿说"在看待这些差异时过于笼统和机械，没有深入分析。其次，"挖矿说"停留在资源型勘探上，没有真正触及如何展现矿藏价值的核心问题。这就使课程思政成为一种苦力活儿，没有提高到价值提炼、展现和传递层次上。其实从上下两个向度来看，课程向下挖掘的是专业理论的内涵深度，而课程思政则是要伴随这一挖掘过程，挑选出有育人效果的矿藏，同时向上进行价值思想的升华。

3. "同心圆说"

"同心圆说"构建了育人的结构图像：内圈为思政课程，中圈为通识课程，外圈分别为社会科学课程、自然科学课程。"同心圆说"充分体现了课程思政和思政课程在育人方向上的一致性，但是这种圆圈图示却无法表征出完整的课程思政意蕴。首先，对课程论的滥用。"同心圆"是育人效果、方向上的比喻，但是这种图示容易让人联想到课程设置是否也要围绕此展开，那就会使课程思政成为一种"类思政课程"的扩展。其次，对"圆心"的错误理解。思政课程所在的应该是一种内核型结构，而不是"圆心"，"圆心"应该是立德树人、铸魂育人。虽然内核的思政课程在育人效果上发挥了重要的核心、统领作用，其他课程中的课程思政发挥着积极和重要的支撑作用，但两者间并不是渠道、路径之分那么简单。

（二）较为契合课程思政本质的比喻

当前较为契合课程思政本质的比喻是"基因说"，即从课程内部结构和原生内容中提炼育人功能，从而通过课程思政"唤醒课程的育人基因"。

第一，"基因说"充分体现了育人元素、功能的内在性和内生性。从逻辑上讲，课程思政可以体现出三种有层次差别的思政育人元素。由下至上，第三层是内嵌的，即由外部浸润但是能很好与原本专业内容结合的；第二层是内生的，即经过点拨而从原本课程中体现出来的"思政味"育人元素；第一层是内在的，即课程自然呈现出来的育人元素。第二层和第一层才是我们关注的重点，它们更能持久推动课程思政的发展和完善。这些瑰宝般的内在性、内生性育人元素发挥出了的育人功能，能够使学生自觉构建系统有序的知识体系，准确定位课程群内部的辩证关系，以此拓展到知识体系与社会体系的互动关系中，完成课程价值、个人价值与社会价值的统一。"这样一种知识框架的形成所指向的便是具有知识宽度的教学观的建构，全面推进课程思政建设就需要在这样的教学进程中展开，通过各个层面知识的递进式传输来实现价值观教育内容在教学中的有机分解、巧妙聚合。"

第二，"基因说"更加符合专业课程和课程思政的建设与发展规律。"课程学习的终极目的不是只学习课程知识，即停留于把握学科的概念与原理，提升认知水平，而是要使学生在知识学习的过程中，通过思维的训练预演，形成自己的独立判断，练就较强的思维能力，在反思的基础上形成内心的信念，明确生活目标和人生方向。"从课程角度而言，知识性内容完成价值性建构需要三重路径：课程中的科学知识建构是起点；在科学性基础上完成的话语建构，是真正掌握知识并灵活运用、成为科学共同体的关键；要想使刻板的知识具有活力和价值，就必须完成意义建构。意义建构又包含两个层面：一是精神建构，即精神性认同；二是价值建构，即发挥实际影响力并在实践中产生价值效用。这就要求课程思政由内而外，关注课程本身具备的育人元素、功能和效果。

二、课程思政本质的内涵

针对课程思政的一些认识误区，要在"特质化""同质化"偏见中去伪存真，在"大思政"视野下理解思政课程与课程思政的辩证统一关系，由专业学术逻辑上升到价值育人逻辑，厘清课程思政的本质边界，从对现实问题的回应中复原课程思政的真实图景和本质状态。

（一）专业育人是课程思政的本质边界

2020年《高等学校课程思政建设指导纲要》针对思想政治理论课、专业课、通识课，等做出了全面推进课程思政的建设要求，要全面、深刻领会课程思政的内涵，就需要从对三种错误认识的批判中，重新辨识出课程思政的本质边界。

第一，避免陷入课程思政"特质化"和"同质化"误区。"特质化"理解会认为课程思政是一门特殊课程，为此需要增设区别于思想政治理论课、专业课的新课程，或者增设类似的教育活动。例如，有高校以"大国方略"等为主题新开设的品牌课程大获师生喜爱，但它并没有领悟到这只是一种初期探索的特殊方法，而不是课程思政的最终目的，更不是课程思政的全部内涵。"同质化"理解则会认为，负载了思政育人任务的课程教学从一种学科专业教育领域，转向了思想政治教育领域或者交叉领域。实际上，强调思想政治理论课的引领作用，并不是将所有课程都"思政化"，课程思政仍要建立在原本学科专业教育的基础之上，一旦我们忽视了课程本身具有的教学特点和教学规律，就会使课程思政成为与思政课程同质化的"类思政课程"。要避免最终陷入"同质化"误区，至少需要解决两个关键问题：一是如何做到育人与育德、思想政治教育与专业课程的有机衔接，"通过挖掘、提炼课程内蕴的家国情怀、社会责任、伦理规范、科学和人文精神等思想政治教育资源，实现知识传授与价值引领的有机统一"，这是内在的过程，是对固有课程的激发与挖掘，而非外在输入；二是不能将课程思政仅仅理解为一种教育理念创新，而是要在这种理念的指引下进行教育教学的综合性改革实践。

第二，避免片面性、机械性理解课程思政与思政课程的关系。课程思政所展现的"大思政"视野并不是要消解专业课程的边界，而是在育人效果的层面上追求专业课程与专业课程、专业课程与思政课程之间的合力。从课程论角度出发讨论课程思政，必然会考虑到课程的相对独立性，从而有意无意地将两者的关系代入包含、主次、补充等俗套解释的窠臼。我们必须清晰认识到，这里的关系是基于育人效果而言，而非课程设置，例如互补性在于育人效果互补而非课程开设互补，更不是增设新课程或者替换原有课程。我们既要看到课程的相对独立性，也要看到思政课程和专业课程之间、各门专业课程之间的交叉或相通之处，以及它们在育人方向上的统一性。从育人角度看，思政课程发挥着引领作用，课程思政发挥着重要的支撑作用；而从专业内容上看，课程思政又在学科知识上有引领作用，思政课程则提供世界观和方法论的支撑。

第三，避免割裂课程思政的专业学术逻辑和价值育人逻辑。课程思政追求的是在科学性基础上的价值张力，为此需要将严谨的学术逻辑与动人的育人逻辑融为一体。思想道德与科学知识在认知结构方面是有先天差异的。道德教育不能被"道德知识的教育"所替代，它的许多内容、思想、精神等无法编码化或符号化、无法单纯依赖言语方式传授、无法离开实践体悟传递。课程思政中的育人逻辑不能完全仿照传统意义上知识、技能的构建模式，而应在程序化、模块化教育途径的基础上，更加追求"言外之意"的表达，例如讲求师生之间与价值有关感受语境的再现、感受通道的建立、感受内容的共鸣。

（二）价值回归是课程思政的本质特征

没有学术支撑的价值教育是空洞的说教，而没有价值导向的课程教育是盲目的。人类早期的教育传统是综合性、统一性的，特别注重以育人为目标、以掌握技艺为手段。然而随着近代社会分工的需要，传统教育理念逐渐蜕变为现今的专业化人才培养模式。马克思和恩格斯在《共产党宣言》中强调，"资产者唯恐失去的那种教育，对绝大多数人来说是把人训练成机器"。这种适应资本主义生产和分工的教育模式有着深厚的理论基础。西方社会逐渐淡化了课程教育性分歧，热衷于从程序上改进课程编制方法、技术，以量化、标准、系统的方式强调课程"科学化"和"价值无涉"，但这种风气"造成了课程只停留在'知识与技能''过程与方法'上，遮蔽了知识所蕴含的文化价值和精神意义，对于发挥课程育人的职责使命产生了消极作用"。

学术探索无禁区，但是其价值生成要有既定的方向指引。现如今虽然教育学、课程论等的学理性探讨持续深化，但是高等教育在培育"完整和大写的人"这一问题上反而愈发力不从心。追求科学的客观性、理性无可厚非，但所谓价值中立性和无涉性却是一厢情愿。20世纪兴起的科学哲学和科学修辞学研究表明，科学并不是完全客观的，它在一定程度上是一种修辞表达的结果，包括目的、观念、权威、信仰等，这不仅是由于科学家的主观性，更是由科学理论的传播需要所决定的。所以，科学性的知识必然蕴含和体现着精神价值，如果强行割裂了"追求真理"和"立德树人"之间的内在联系，必然会造成科学发现、知识生产与信息传播、价值引导之间的裂隙。实际上任何教育都必然包含政治教育和社会教化两个目的。习近平总书记指出，"古今中外，关于教育和办学，思想流派繁多，理论观点各异，但在教育必须培养社会发展所需要的人这一点上是有共识的。培养社会发展所需要的人，说具体了，就是培养社会发展、知识积累、文化传承、国家存续、制度运行所要求的人"。

也正是为了应对高等教育的价值缺场，课程思政应运而生。长期以来，我国课程教育过度关注专业知识、技能、信息、体系等方面，一定程度上忽略了其本身具有的价值观教育和思想政治教育功能。"课程思政是在遵循课程自身逻辑体系的前提下对其固有德育资源进行的内涵式开发，是课程育人价值回归的过程"。所以说，课程思政是在课程原有结构基础上的功能性提升、价值性升华，并不是一种新的教育模式或形态，完成智力提升和知识传授只是教育的过程和手段，而价值回归才是课程思政的育人本质。高等教育要铸魂育人，真正塑造"有学有术"的新时代人才。

（三）同向同行是课程思政的本质状态

同向同行不仅是意义角度的需要，也是对现实问题的积极回应。当前，对于思政课程与课程思政为什么要同向同行、怎样同向同行、达到什么程度的同向同行等问题，学界已经有了较多研究成果。但要注意到，同向同行不是无中生有，而当下对于"从什么层面讲同向同行"这一显而易见的问题的复杂化、混淆化倾向实属不该。

1. 同向同行是解决问题的现实逻辑

资本主义教育是巧妙地、隐性地将思想教育嵌入到专业教育中，通过国民与公民意识、地理文化、社会价值观、宗教等主题，导入适合资本主义国家和社会的价值教育。与这种隐性价值教育理念不同，我们党和国家开展思想政治教育主要依赖显性的思政课程，但是从政治教育扩展到全面的高等教育时，单纯依赖显性的做法较难在专业教育中体现完整的育人效果。课程思政建设的开展就是对这一现实问题的积极回应，是对"培养什么人、怎样培养人、为谁培养人"的方法论支撑。中国特色的思想政治教育既不能完全照搬西方的隐性价值教育模式，也不能依赖显性的思政课程独自完成政治育人，而应是思政课程和课程思政、显性和隐性有机结合的，多维度、全方位的，更加完善和全面的思想政治教育模式。

2. 同向同行是整体上的育人要求

专业知识体系无法完全剥离价值教育，同向同行就是要在整体上形成协同育人效果，唤醒受教育者的政治需要和价值追求，唤醒其掌握专业技能后融入社会、服务中国特色社会主义建设和中华民族伟大复兴实践的需要，从而构建更加有效、更符合未来人才需求的中国特色育人体系。同向同行是为了形成协同育人效果的同向同行，而不是形式上、课程论上的同向同行。要充分承认课程之间的异质性、相对独立性，立足课程特点，重新激活课程的教化功能，将课程内在的、内生的价值理念外化到教学活动中，使高等教育成为一场育人的大合唱，由思政课程领唱而不是独唱，所有课程发出和音而不是噪声，使课程思政成为匠心独运的"玉露琼浆"而不是明显分层的"鸡尾酒"。

三、重塑课程思政的合力

在厘清上述观念误识后，问题就集中于课程思政实践过程、环节等的离散性。如何以系统化思维有机统领课程思政实践，重塑课程思政合力，成为理论重塑之后的关键。

（一）形成课程思政的思维合力

第一，在尊重课程规律的基础上唤醒课程的育人功能。不同课程都具备育人的共通性和可行性，但受教育者能承载、体现和反映的价值大小、感受性强弱等都存在一定差异。加之大数据人工智能推动的教育技术信息化，课程的育人成效既取决于课程的规律性、时效性，也取决于学生对精神价值、技术手段的满足与接受程度。"要在尊重课程专业性、特殊性前提下，贯彻价值塑造的一般性要求，即培养社会主义建设者和接班人的教育价值取向下对学生世界观、人生观和价值观的塑造，挖掘课程潜在的育人价值。"对此，每门课程既要做课程思政整体的"最大公约数"，也要做本课程群在育人效果上的"最大公约数"。

第二，提高课程群在课程思政建设中的协同作战能力。在课程思政建设实践中，要始终坚持"大思政"和"大学科"格局，充分认识到任何一门课程都是课程群中不可或缺的一员，都是专业内部的有机构成要素。因此要讲清讲透课程所处的方位，牵引出课程独特的知识结构与功能定位，进一步将课程放置于专业学科和课程群的角度理解，放置于国家和社会发展的角度理解。在教学中融入时代精神和现实思考，自然而然地将专业知识与家国情怀、现实问题密切联系起来，防止学科内部、课程群内部育人过程中出现观点错误、效果抵消等不良倾向。不能教条地认识课程，而应当从大局意识出发，允许每门课程贡献"质高但量可不同"的差异化育人效果，将那些充分掌握和应用唯物主义辩证法的课程，视作贯彻马克思主义基本原理和方法论的助推力，将那种融汇科学精神与中国智慧的课程视作提高学生综合素养的重要支撑，从协同作战角度将所有课程的价值育人效果汇聚成一股合力，真正发挥出课程思政的巨大育人潜质。

（二）凝聚课程思政的队伍合力

第一，提升课程思政的意识、素养和能力。课程思政推行效果如何，关键在于教师，在于教师在课程思政中表现出的应对力和创造力。一方面，教师要在"授业、解惑"的同时不忘"传道"，"传道"才是教育过程的起点和教育目的的归宿。要站在更高角度审视课程所承担的学术价值、社会价值，从有意识到自觉地成为先进文化的传承人和传播者、社会进步的坚定支持者、党和国家发展战略的贯彻者、学生思想和价值的灯塔和引路人。另一方面，教师要充分认识到职业素养和政治素养的影响力，努力从"经师"晋级为"人师"。中国古代《学记》中提到，亲其师才能信其道，信其道才愿受其教。只有具备较高专业素养和政治素养的教师，才会对专业内容拿捏到位并有真情流露；只有具备高尚道德情操和家国情怀的教师，才会使课程负载着与社会和时代精神一致的正能量，才能在课堂的沟通交流中建立起师生互信关系，真正打开价值传递的通道。要善于将"教学活动场"转化为"价值体验场"，充分考量不同专业、年龄、年级、性别学生的思想状况特点、差异与规律，充分尊重学生的主体性与差异性、调动学生的经验与体验、激发学生的想象力与创造性。

第二，以教师队伍同向同行推动协同育人。教学活动是教师主导的过程，教师队伍的同向同行能够助力推进所有课程的协同育人效果。一方面，专业课教师队伍内部的同向同行。部分教师可能不理解体系化、系统化的专业逻辑何以融洽思政育人逻辑，但他们并不排斥育人的同向性和必要性。这就要由教师中的积极分子带动其他教师，克服惰性思维。另一方面，思政课教师和专业课教师队伍的同向同行。思政课教师与专业课教师同为高等教育的园丁，他们天然地是休戚与共的育人共同体。专业课教师可以邀请思政课教师作为课程顾问，从思政角度论证课程设计、内容等的合理性，实现思政元素、案例和资源的互通有无。双方一同在学习中培育思想政治素养、在研讨中挖掘课程建设问题、在互动中提高课程育人质量，充分发挥思政课程落实立德树人根本任务的关键作用，发挥哲学社会科学课程的人文情怀与社会关怀，发挥自然科学课程的科学思维与逻辑能力。

（三）统筹课程思政的建设合力

第一，突出特色，释放课程能量。各地在推行课程思政的实践过程中存在着一些不容忽视的现实问题，如果长期重视有余而制度性层面探讨不充分、不深入、不具体，则会形式遮蔽内容、结构大于功能、功利取代严谨、教条多于辩证，导致课程思政推行的实效性难以持久。应当鼓励各地区、各高校适应发展需要进行"课程思政"研究，结合地域差异、学生水平、办学特色、学校定位、学科特色等进行课程思政建设，在最大限度释放课程能量的同时推出有特色和代表性的育人成果；因地制宜、因校制宜、因术制宜、因课制宜，结合各地丰富生动的教育资源案例支撑课程思政论点，促进课程思政与思政课程高效互动。

第二，放眼长远，盘活评价机制。在"破五唯"背景下，注重定性评价而非量化评价的课程思政建设，更应该追求灵活多样、长效持久的评价机制。一方面，优化课程思政评价环节。以过程性评价为主，结果性评价为辅，不以拿来主义复刻课程建设成果，突出评价主体多元化、评价内容多样化、评价方法灵活化、评价过程持续化、评价结果动态化、评价绩效可视化。另一方面，完善课程思政的督查、复核环节。课程思政以育人效果为准绳和基本遵循，而基于不同课程和人才培养的特点，育人效果的展现是一个有差异的、长期的、持续的、显隐结合的过程。要在横向上扩大评价、督查主体，聚合同行、学生、社会、校内相关部门等多个维度；在纵向上持续追踪学科育人、专业育人发挥出的积极作用，突出学生成才过程，构建育人效果的长效机制和追溯机制。

第三节　课程思政建设的意义

一、课程思政建设的必要性

（一）是实现新时代大学生全面健康发展的内在需要

习近平总书记在党的十九大上郑重宣告中国特色社会主义进入了新时代，意味着中华民族迎来了从站起来、富起来到强起来的伟大飞跃，意味着科学社会主义在21世纪的中国焕发出强大生机活力，意味着中国为促进发展中国家发展和解决人类问题进一步贡献了中国智慧和中国方案。新时代的大学生有新的使命，要助力全面建设社会主义现代化强国。那么大学生如何才能不辱使命，其中至关重要的基础就是实现自身的全面健康发展，即才能、志趣和道德品质的多方面发展。从高校课程思政建设来看，它是针对中国特色社会主义建设这一目的，通过马克思主义科学理论、社会主义核心价值观等理论培养大学生，使其树立正确的价值观、世界观、责任感、使命感。具体可以对照新时代的内涵和要求，即为了实现新时代下大学生的历史使命，势必需要通过高校课程思政建设的模式渠道，将思想政治教育融入各个学科中，全面提升大学生的专业素能和政治觉悟，使其能够全面发展。这便是新时代背景下实现大学生全面健康发展的内在需要。

（二）是完成新时代高校立德树人重要使命的重要保障

高校的思想政治教育工作关系到高校培养什么样的人、如何培养人，以及为谁培养人这个根本问题，这是我国高等教育工作中非常重要的内容。我国高校思想政治工作今后的发展方向，是新形势下高校党委及所有教师在思政教育方面的重要使命。完成这一使命需要长久规划，需要协同作战，需要精心部署，需要内外联动。总之，以高校课程思政建设为主路线的高校思想政治教育工作，是今后一段时间内的重点工作，是需要所有人员上下一心、齐心协力共同推进的历史使命。

（三）是有效应对国内外复杂形势的现实要求

当前世界经济增长持续放缓，仍处在国际金融危机后的深度调整期，世界大变局加速演变的特征更趋明显，全球动荡源和风险点显著增多。作为新时代社会主义的建设者和接班人，大学生提升应对内外部形势变化的能力就显得格外重要。从内部来看，新一代信息技术革命和我国经济结构调整，都需要当代大学生发挥聪明才智和创造力，使我国经济朝着高质量的发展脉络持续推进。这就需要大学生能够充分应对发展道路上可能存在的各种壁垒、各种体制机制障碍，尤其是各种不确定因素的发生，大学生应该基于自身力量做出应有的贡献，同时对于如何应对突如其来的情况要有基本合理的判断分析。从外部来看，在内部经济矛盾和社会矛盾并行的大环境下，就更加要求当代大学生提升应对风险的能力，大学生应根据高校课程思政建设中学习到的知识予以分析判断。总体来看，高校课程思政建设是提升当代大学生应对复杂内外部形势变化的现实要求。

二、高校课程思政建设的重要性

（一）有利于落实"立德树人"这一根本任务

高等教育的本质要求和根本使命是为国家和社会培养人才，重点要落在培养人才的发展去向上，课程思政是根据高校的基本特征帮助当代大学生树立正确的"三观"，让教师能够在实际教学的过程当中传递教书育人、立德树人的教育思想与观念。这种多元立体的方式能够对高校教育内涵式发展产生巨大的推动作用。根据高校思想政治教育课程体系的要求，要进一步加强对教师教学工作当中以德树人思想的贯彻落实，加快对高校思想政治工作要求与标准的完善。课程思政符合新时代高等教育的发展要求与总目标，同时能够充分尊重人才成长的发展规律，并根据当代大学生的特点制订教育教学的规范，真正把握思想政治工作的具体要求，应用新的人才培养模式促进人才的全面成长和发展，保证高校能够在未来社会的发展过程当中为中国伟大事业的复兴输送更多的人才。

（二）有利于构建个体价值，促进社会全面进步

当前社会处于一个重大历史转型期，各种思潮和观念产生并迅速多元化发展的情况愈发激烈，非主流思想的膨胀和网络舆论环境的发展猛烈冲击着大学生相对较弱的价值观。课程思政是以体系化的形态对思想政治教育课程进行的有力支撑和补充，它既是思政课程创新的依据和实践，又能帮助大学生摆脱生活和学习上的困境，迈向健康科学的成长发展。所有课程教师都要着眼于课程实际境遇，关注课堂教学知识技能输出与德育价值引领的融汇相通，督促和提醒学生对自身知识能力的及时吸收和审查，促使其产生对个人价值观的自信及家国情怀的认可，鼓励大学生全面发展，切实践行教育者立德树人的伟大使命，构建个体价值，从而促进社会全面进步的长效发展。

（三）有利于构建全新的思想政治教育课程体系

课程思政并不是要求高校在教学过程当中直接提取思想政治教育的内在元素，而是需要根据实际情况对学科和专业的特点进行教学方案的设计，将思想政治教学和专业理论知识当中存在的价值思想观念进行融合，在一定程度上加强对教育育人观念显性作用成效的提升。它的实质是将完善思政教育课程体系作为改革动力，在细化和创新思政教育课程的形式过程中，把专业课程纳入思政教育和学生正确世界观、人生观、价值观的培养体系之中。在高校专业知识技能培训课程中，寻找思想政治上、道德教育上，以及大学生职业发展与规划的关键切入点，根据教学的实际要求准备相关的案例，加强大学生的实践动手能力，这样不仅能够帮助学生掌握更加牢固的专业理论知识，同时还能够使当代大学生的专业知识跟社会主义的核心价值观保持相对的协调与统一，从根本上促进和激励大学生良性稳步地成长，为建设国家的艰巨任务做好充足的准备。

（四）有利于促进学科之间的融通交流

教书育人的目标从实践角度看是整体的，不同专业领域在思想、精神、学科、方法上应该保持互通互鉴、互助互帮的发展状态，达成多领域学习共识；对不同学科和专业潜藏的独特的思想政治教育资源进行深挖并分类汇总，将思想政治教育贯穿教育实践的所有环节，培育思想清澈、观念正确、态度积极的现代化大学生，这体现着育人目标的整体性。

只有这样，各个学科专业教师才能深刻认识到高等教育立德树人的最终目标和现实意义，才能将思政课程的显性教育与其他课程的隐性教育相融合，建立共生、共振的融通机制，让教育共同体的运行行之有效。

第二章

高校课程思政建设理论与实践探索

第一节　课程思政理念的形成

一、中西方思想政治教育的启示与借鉴

（一）我国思想政治教育历史渊源

我国自古以来便是礼仪之邦，对于思想政治教育的重视一直是有目共睹的。我国与西方各国在历史、文化、意识形态、政治体制等方面虽有较大差别，但是对于以思想政治教育为主的政治教育却有很多共同之处，比如注重培养学生礼貌、诚实、正义感、具有社会责任等品质。

1. 原始社会中朴素原始的德育内容

在原始社会条件下，人在自然界区别于动物便是从开始使用工具进行劳动开始的。伴随着集体生活中意识、情感、智慧的觉醒，人所独有的德行的萌芽也得以生长。其中包括天生就具备的集体生活意识，以及相互依存的集体精神。这种原始朴素的德育内容被北京师范大学的黄济教授称为"生活式的德育"。

2. 古代中国思想政治教育

我国古代对于德育的内容的发展就已渐趋繁荣。先秦及之后的"百家争鸣"展现了非常丰富的道德教育内容，很多思想对于现今的思想政治教育研究也有极大的意义，比如法家的"法制"教育、道家的"寻道"思想等，在我国思想政治教育史上留下了非常灿烂的色彩。

3.近现代中国的思想政治教育

近代以来我国思想政治教学开始呈现学科化特点。清末时期民主思想在我国开始出现。在推翻帝制建立民国之后社会开始倡导公民教育，开始出现"公民"课。现今思想政治教学是我国学校德育的主要途径，是我国精神文明建设的基础和主要形式。培养全面发展的人才，符合我国精神文明建设和思想政治建设工作。

（二）当代西方思想政治教育理论

西方道德教育和西方道德是不同的两个观念。西方道德与我国传统文化差异悬殊，但是西方道德教育中的很多观点，却与我国很多教育观点有相似之处。

1.存在主义道德教育理论

教师与学生良好关系的建立的前提便是教师要有"师爱"。"师爱"的把握程度也是一种艺术，不可过于亲近丧失教师威严，又不可过于疏远，使学生感到被忽视。所以对于这种包容关系的理解是很值得借鉴的。

2.约翰·杜威的实用主义道德教育理论

学生能够接受的最好的教育就是从实际生活中学习、从成长经验中学习。对于学生的思想政治道德教育的最终目的就是要培养良好的公民。

3.胡塞尔的相关理论

埃德蒙德·古斯塔夫·阿尔布雷希特·胡塞尔（Edmund Gustav Albrecht Husserl）的"生活世界"与科学世界相对应，他对"日常生活世界"进行了论述，认为生活世界是可以被感知的多彩的生活世界。思想政治教育生活化也要立足于学生的生活世界，关注学生充满无限可能且具有教育意义的生活世界。在教育过程中不能只把理论知识的条条框框教授给学生，要想使学生健康成长就必须使教育立足于生活，关注生活，充分利用生活中多种资源，促进学生的全面发展。通过主体间的互识和共识两个方面决定了科学世界的客观性。

（三）西方教育思想对于我国思想政治教育的启示

教师与学生的交往关系影响思想政治教学的方方面面，虽然我们曾经的"重师轻生"观念不可取，但是"重生轻师"这样完全以学生为主的课堂也同样是不可取的。师生之间无所谓关系平等与否，本不应该严格对立、分离师生之间关系。教师与学生应该是一个包容的交往交际关系。教师与学生之间的关系在极大程度上影响着教育的各个方面。约翰·杜威（John Dewey）的实用主义道德教育理论对于我国教育的启示：要从小确定职业培养方案，根据职业规划进行有针对性的培养。那社会对学生要求的多元化与现今教学的一元化矛盾，能不能通过实用性取向进行改善呢？实际上，在学校的一元化培养中就开始融入了社会的要求，可以直接与社会需求的学习融合。学校教育更具体，更适用于现实世界。第一，教育即生活。学校对学生的日常生活应给予关注，学校的环境需要通过加工改造来适应学生的特点，所以杜威的"生活"是经过"加工"之后的生活。这里的"生活"虽然是经过"加工"之后形成的，但是我们同样可以体会到教学不仅仅是死记硬背，还应有一个生活体验的过程。高校对学生的教育应从讲授向体验转变，向生活靠拢，在转变教育方式的过程中增强教育效果。第二，学校即社会。学生在学校中体会、体验和感受社会的要求、需要和价值观，引导学生与社会积极互动，在交互中积累经验、吸取教训、掌握生活技能，以提高学生适应生活的能力。第三，从做中学。"从做中学"是杜威在教学过程中得出的重要教学方法，杜威反对学生坐在课桌前死记硬背式的僵硬学习，强调要从"做"中有效地学习，知识是学生通过亲自"操作"获得的。杜威认为给学生现成的材料避免学生犯错是不对的，应给学生未经加工的粗糙的材料，让他们从做中学。我们从中可以发现杜威的"做中学"理论相对于传统教学注重知识本位，是把"看中学""听中学"变为"做中学"，并把所学理论与生活结合。

当今世界，各种思想文化相互碰撞，既相互纷争，又相互吸引。只有通过博采众长，比较进步，才能焕发出更加旺盛的生命力。当代西方道德教育理论思想活跃，各有所长，对我国思想政治教学具有一定的借鉴意义，但我们有必要通过具体的认识，再与我国实际相结合进行多方面研究，以严谨的态度进行细致研究，这样才能从中汲取有益成分，发掘出可用观点，真正取得创新性发展。思想政治教学不同于其余学科的学习，它有明确的核心理念，是对马克思主义思想内容的强化和灌输。

二、我国思想政治理论课程体系沿革

（一）中华人民共和国成立初期——提倡理论与实际相结合

中华人民共和国成立之初，马克思主义理论教育被摆在了十分重要的教育地位，1949年颁布的《中国人民政治协商会议共同纲领》提倡理论与实际一致的教育方法。1950年召开的政治理论课教学工作会议又明确要求思政教育应保持理论与实际一致；之后又提出了思想政治理论课考试评分的方法，强调考试方法和学习方法都应该坚持理论联系实际的原则，不能只进行死记硬背的理论学习。这种改革思路对于学生自身成长具有十分重要的现实意义。在这种思路下，全面落实马克思主义和毛泽东思想的教学策略被严格执行，学生也善于利用马克思主义基本原理分析中国的历史和实际问题，诞生了一系列以马克思主义为指导的研究成果，其中以哲学社会科学成果最为显著。

（二）全面建设社会主义时期——注重启发式教学

理论联系实际的政策方针在全面建设社会主义时期仍需贯彻执行，因此，在教学中应进行多种形式的社会实践活动。1964年下发的《关于改进高等学校、中等学校政治理论课的意见》中详细规定了启发式教学的教学目的在于提升政治理论课的活力，让学生学会独立思考和解决问题，实现师生的共同提升。这就要求教师在充分理解钻研问题之后引导学生进行激烈的讨论，在一系列过程结束后对于学生的学习情况和争论点，进行有针对性的总结和疑难解答，以此提升学生的问题认知水平。启发式教学推行后取得了良好的效果，也产生了一大批新的成果，但最终启发式教学没有持续多久就被其他的方式取代了。

（三）改革开放到20世纪90年代初——强调多种教学方法结合

进入改革开放时期，思政理论课程体系也逐步回到正确轨道上。20世纪80年代是国家思想由禁锢转向开放的时代，新生事物不断涌现，人们的视野不断开阔，逐步回到正确轨道上的思政教育也有了新的发展。这一时期强调多种教学方法相结合，1985年，《中共中央关于改革学校思想品德和政治理论课程的通知》中谈到提倡启发式教学，引导学生在课堂上进行自由讨论，倡导学生参加社会实践和社会调查，以培养他们独立思考、发现问题和解决问题的能力。

（四）20世纪90年代至今——改革和创新多样化教学方法

这一阶段，国家大力推动教学内容和教学方法改革。中央及教育部都十分注重教学方法的创新，以保证思政教学与时俱进。进入21世纪以来，互联网的迅猛发展，使思政教学迎来了新的形势，这对思想政治理论课程来说既是挑战也是机遇。2005年，国家颁布了《中共中央宣传部教育部关于进一步加强和改进高等学校思想政治理论课的意见》，各地积极探索新的思政教学模式，其中上海市根据其高等教育的实际，率先将传统的思政教育与专业课程、课堂教学相融合，形成了全新教育模式——课程思政。这一理念不断发展，甚至出现了"大思政"概念，将思政教育贯穿于学生学习生活方方面面。

三、课程思政理念的提出与依据

（一）"课程思政"的提出

1.课程思政提出的背景

一是新时代高校思想政治教育发展的需要。近年来，在党中央的高度重视下，高校思政工作取得了一定成效，但同时也存在着许多需要改进和完善之处。首先，在高校思想政治教育工作中，思政教师渐渐地被视为思想政治教育的全部承担者，从而忽视了各类课程的育人责任。其次，各类课程之间分工越来越明确，不同课程之间的融通性也在不断降低，各自为营的状况致使其他课程对课程本身思政教育元素的关注度不够，同时没有明确育人责任。很多学生认为只要把思想政治理论课这门必修课上完，思想政治教育就与自己没什么关系了，因此，高校思想政治理论课虽为必修课并且学分不低，可是发挥的作用却十分有限，思政课程也逐渐面临"边缘化、孤岛化"的困境，陷入深深的无力感中。最后，新形势下，我国社会发展日益多元化，高校思想政治教育也应积极顺应时代发展特点做出新的改变，而思想政治理论课教学存在着教育教学观念落后，内容抽象空洞，远离学生的学习生活的问题，学生学得枯燥无味，教师教得疲累、无奈。如何解决思政课程育人困境，提升高校思想政治教育的整体性是当前面临的巨大课题。

二是新时代青年正确价值观的引导需求。青年大学生作为社会发展进步的后发力量尚处于价值塑造的重要时期，高校应抓住大学生的价值认识特点，有的放矢地推进课程思政建设。作为青年一代，很多大学生的思想道德状况是健康乐观的，但是个别大学生也存在价值取向盲目、政治信仰不坚定、忽视自己应当承担的社会责任等现象。一些大学生在成长过程中致力于实现自己利益的最大化，极度关注个人的前途和社会地位，却对自己所应承担的社会责任很少关心。还有很多快毕业的大学生对自己的未来没有明确的规划，对于自己、社会等很多事物都没有一个清晰的认识，对于国内外重大事件的关注不够。在政治信仰方面，大学生正处于认知能力和判断能力的提升与健全时期，容易受到一些来自网络、社会的负面因素的影响，一旦模糊了自身的判断力，就不利于形成正确的、坚定的政治信仰。这也说明我们的高校思想政治教育还存在着很大局限，部分学生在很多方面处于盲目的状态，对自己没有规划，得过且过，好高骛远，缺乏积极进取的精神和脚踏实地的行动，对于国家大事没有一个正确的认识，这些都表明大学生的培育与党和国家对青年的期待还有一定的差距。青年学生的培养要有利于党、国家和社会的长期发展，由此需要高校广大教育主体共同努力、协同育人，使各主体的育人力量得到充分发挥，构建高校德育的良好局面。

三是试点高校课程思政的实践和经验。高校课程思政建设实践始于上海的一些高校。例如，上海中医药大学，其作为最早明确提出在专业课程中开展思想政治教育理念的高校之一，在"人体解剖学"课程中开展了思想政治教育的实践，要求医学生向"大体老师"鞠躬以示对生命的敬意；上海大学通过策划"创新中国"课程，以科技创新为主题，以上海大学强势学科为亮点，文理工经管结合，多学科渗透，引领学生站在世界看中国，了解中国的发展需要，让学生在了解国情的同时培育创新精神和创新能力；上海师范大学人文与传播学院开启思想政治教育融进专业课程改革试点，从文学、新闻学、史学、法学等意识形态属性较强的人文社会科学学科入手，探索在专业课程中融入思政教育的有效方法。这些高校从核心课程入手，表明了课程思政教育教学改革的决心和勇气，坚持思想和行动、实事求是和积极创新的统一，提高了课程思政的影响力和带动性，作为课程思政建设的先发力量为之后的高校课程改革提供了宝贵经验，进一步激发了课程思政潜力。现在，正是有了课程思政的先期探索，才有越来越多的高校积极引进课程思政理念，因校制宜，主动投身到课程思政建设中，使高校思想政治教育焕发新的生机。

2. 课程思政提出的意义

课程思政的提出，有着重要的理论和现实意义，它不仅是教育理念的创造性发展，更是高校立德树人的保证。

首先，课程思政的提出，意味着高校育人理念的新发展。随着教育活动的深入开展，教育理念相应地也要发生变化，传统的思政教育理念已经不能很好地适应教学实践，因此，必须积极探索新的育人理念，从而推动高校思想政治教育的有效实践。目前高校思想政治教育工作过度依靠思政课程，对其他各类课程的育人功能认识不足，忽视了高校育人的整体性。针对这一突出问题，必须调动各教育主体的育人积极性，共同努力，仅仅依靠思想政治理论课往往势单力薄，难以完成育人这一根本任务，这就需要树立协同育人的理念，重视发挥各类课程的育人功能。课程思政的提出，正是为了解决过多依赖思想政治理论课的局限，发挥课程思政的有益补充作用。高校育人理念的目的就在于让所有教师都明确自己的育人职责，并将其落实到日常教学中，把课程思政做实做细。

其次，课程思政的提出，意味着学生主体作用的有效发挥。学生主体作用的有效发挥始终是学校教育的追求目标。要从学生成长、成才的实际出发，不断创新教育方法，紧跟时代发展，采取互动式、辩论式等易于学生接受的教学方法，构建平等和谐的师生关系，营造轻松愉悦的教育氛围，以调动学生学习的主动性。只有师生实现平等对话、平等交流,才能激发学生的创新思维和创造活力。通过将专业课程中的德育元素归纳整理、系统挖掘,让学生在潜移默化中既丰富了自己的学识,又形成了正确的道德认识,帮助引导学生充分体会学习的重要意义,充分强化大学生的学习动力,激发上课的积极性,形成努力学习的内驱力,从而实现自身的全面发展。

最后,课程思政的提出,意味着高校意识形态工作的进一步强化。在新形势下,高校容易受到各种社会思潮、各类利益群体、复杂思想观念的影响,必须进一步强化意识形态的重要性,加强防范意识,尽力将风险降到最低。通过探索扭转高校教书与育人相分离趋势的有力措施,认真思考各类专业课程育人功能的有效发挥,进而改革课程教学,提高思政课教学的实效性。高校的意识形态工作关系到学生的未来。因此,高校应积极作为,勇于面对新形势出现的新挑战,将高校意识形态工作做细做好,实现学校管理和课程建设的完美结合,只有这样才能不断加强高校的意识形态建设。因此,课程思政的提出正是对加强高校意识形态建设内在要求的充分体现。

(二)课程思政的理论依据

1.马克思主义理论和思想

（1）马克思主义关于人的全面发展理论

高校课程思政理论主要体现了马克思关于人的全面发展理论。马克思认为:"全部社会生活在本质上是实践的"。教育活动始终将实践作为核心贯彻其中。一方面,学校教学的内容是实践的结果,是一代代人经过实践形成的并且认为是正确的内容,通过一定的教学环节将其传授给学生;另一方面,随着社会的发展进步、人们认识的深入及水平的提高,教学内容作为一种间接的知识需要教育主体在实践中不断检验。此外,实践作为人类特有的活动具有主观能动性。在以往的教育活动中,存在着许多学生被动地参与教学实践的情况,这样不仅不利于教学效果的实现,还会引起学生的不满。因此,需要充分发挥各教育主体的主观能动性,推进教学实践。

人的全面发展不仅仅是智力的发展,还包括人的体能、道德品质、自由个性、社会关系、志向与兴趣,以及各方面才能全方位多角度的发展,重视人发展的全面性和自主性及整体素质的提高,这与高校课程思政教育理念相契合,为高校课程思政建设指明了方向。人的全面发展是国家公民整体素质的提升,是整个社会成员的共同发展,在各个方面都要重视教育对人全面发展的作用。课程思政是以马克思主义基本观点为指导,向学生传授有关马克思主义理论及其中国化的成果,其本质目标是培养学生成为全面发展的现代职业人。由此可以看出,课程思政的教育目标,与马克思关于人全面发展的理论在本质上是一致的，后者构成了课程思政的内在理论基础和根本价值目标。课程思政是新时期教育思想的创新，从实践上解决了高校思政课和专业课显著分离的不良状况，实现了"三全育人"的新格局，为国家培养了更优秀的人才。

（2）马克思主义教育思想

我国所取得的辉煌的教育事业成就，以及今后的教育事业发展，都是在马克思主义及其教育思想指导下前行的。马克思认为"教育一般来说取决于生活条件"，而不是教育决定社会。教育的开展必须基于社会实际状况。在新时代的今天，信息高速化加快了社会思潮的传播，这对于新时代青年的行为和思想影响愈加深刻。课程育人是社会发展的必然要求，课程思政能发挥每位教师的育人作用，并与思政课教师共同承担培养全面发展的时代新人的重任。我党历来都非常重视教育，马克思主义的教育思想为课程思政的提出提供了理论依据。课程思政的建设，要求动员全校人员投入到思想政治教育工作中，保证学生的专业知识和价值认识都能得到充分的发展，实现个性解放和全面化发展。课程思政的开展必须有效运用社会生活内容，开展形式多样的实践教育活动，引导大学生更加全面、深入地了解社会生活，在社会生活实践中深度发掘自身价值，进而将个人价值实现与中华民族伟大复兴的中国梦有机结合。同时，还要拓展思想政治教育的新视野。作为一项立德树人的社会实践活动，课程思政更为关注教育者与学生之间思想意识方面的交流，即归属于精神交往的范畴。在精神交往层面，单纯地进行知识灌输而非价值引领，难以达到课程思政教育铸魂树人的教育目的。

2. 列宁关于课程教育的论述

列宁关于课程教育的相关论述颇多，主要体现在两个大的方面。一是列宁认为教育与政治存在着互相依存、不可分割的关系，学校对学生的教育往往与政治有着直接的关系。教育与政治的联系是必然的，是不因社会制度和意识形态的不同而改变的，无论什么时候，教育与政治都是不可分割的。二是强调课程的思想政治方向是由讲课人员所把握的。方向一旦确定，就确定了努力的目标，在课程教育中需要有正确的思想政治方向做指引，否则一旦方向错了，也就不能保证学校所培养的学生会为祖国与社会的发展所服务，导致所做的努力都是徒劳无功，甚至还会造成较大损失。列宁还指出在哲学等社会科学课程上也要坚持学校的性质和方向，而不允许讲课人员成为在哲学上对马克思主义进行批评的批评家，宣传自己特殊的哲学观点这一点充分体现了课程教育要以马克思主义为指导。列宁强调了教育者在课堂教学中坚持正确思想政治方向的重要性，对于我们今天推进课程思政建设具有一定的指导意义，为全员育人奠定了深厚的理论基础。

3. 道德教育理论

学者劳伦斯·柯尔伯格（Lawrence Kohlberg）指出，德育应以学生为主体，坚决反对传统的灌输式德育方式，因为这种方法无视学生的自由意志，也无视学生的发展水平和自由活动。在道德理论活动的实践中，单一的教育方法会让教育变得枯燥乏味，不能吸引学生学习的注意力，也不能激发学习的热情。因此，在课堂教学中，可采用各种新颖的教学方式，重视教育者的指导作用，充分发挥教育对象的重要作用，将课堂教育与德育相结合。同时结合学生自身道德教育实际情况开展相应教育工作，培养学生的思想意识，同时提升其道德水平。目前，我国高校没有开设独立的道德教育课程，主要通过思想政治理论课来对学生进行道德教育，或是融合在素质类课程中开展的，导致学生不能全方位获得道德教育。课程思政理念的推行，使道德教育自然融入所有专业课程之中，不仅能够提升课程育人功能，而且能激发学生的学习主动性。

4. 隐性教育理论

隐性教育侧重于使受教育者在自然轻松的状态下受到感染和启发，从而更自然地接受教育的内容。学者瓦·阿·苏霍姆林斯基曾指出，教育者的目标越隐蔽，教育的对象越容易接受，就越能转化成自己的内心要求。课程思政的实现方式是从专业课中寻找行业相关的思政元素，使学生在学习专业知识的同时获得职业道德教育，这样更能得到学生的接受和认可，起到润物无声的作用。美国哲学家杜威的间接道德教育模式提出，不应将道德教育视作单一课程开展传授活动，应将德育融入不同的知识体系之中，潜移默化地实现育人目标。课程思政正是以专业课程为载体，实现育人目标的重要方式。

5. 思想政治教育接受规律论

接受通常被人们理解为认可、接纳的意思，有自发性接受、指导下接受和自觉性接受三种形态。思想政治教育理论中关于接受的概念是在接受的概念的基础上发展而来，思想政治教育活动是一种内化的过程，但事实上，受教育者也有一定的外化反应。教育者与受教育者构成一对矛盾，其中受教育者不是被动吸收，而是具有能动性。尤其是在教学进行到一定的程度时，学生对于教育内容的选择性和能动性更强，同时他们能否将教育内容外化于实践，也是受教育者能动性的主导。利用教育者和受教育者这一双向互动规律育人，能够使教育者有效把握受教育者的主体地位，改变单一传授知识、忽略学生主体地位的教学方式。在教学过程中，教师要主动了解所教学生的需求和期待，提高自身能力和修养，满足受教育者的期待。同时，教育者要善于发现和引导受教育者的创新期待，促进其实现，从而调动受教育者的积极性和能动性，取得思想政治教育实效性。教育者要根据受教育者的需求进行传授知识，但是不能一味地去满足他们，而是要以改善和提高受教育者的主体性为目的，让他们自主地去接受、内化及外化。教育者的施教过程制约着受教育者的接收方向和水平，在社会价值目标的指引下，引导学生朝着这一价值目标进行发展。这就意味着各类教师在课堂教学中，不仅要能够引导学生学习各门课程的专业知识，同时也要能够引导学生的思想道德发展方向。当然，受教育者的接受过程也制约着教育者的施教过程，例如施教内容的难易程度、有趣性、实用性等问题都与受教者的接受相关。因此，思政理论课教师在授课时要从受教者的实际情况出发，关注受教者之间的差异、适应受教育者的心理特点；其他各类教师在实施课程思政的过程中，要在教授课程内容中渗透思政教育元素，采取适当的教学方法，达成教学目标和育人目标。

6. 有效教学理论

课程思政推进过程中要求实现全方位、全过程育人，这与有效教学理论完全契合，注重推动教学自身的全面性、有效性的设计与发展。这是因为课程思政建设的本体性价值在于彰显教育教学的初衷，即推进学生全面发展。从达到有效教学的过程来看，它不仅需要教师精心组织设计，更需要教学体系、教学目标、教学原则等方面的不断完善，属于一个各单元协同合作、各阶段逐步优化的过程。而课程思政建设正是要求各学科协同育人，各阶段不断融合，这一点促成并保证了教学实现的有效性，符合有效教学的基本要求。从课程内容来看，无论是思政课程、专业教育课、综合素养课，还是第二课堂，都要求实现理论与实践的统一、科学知识与正确价值观的统一，这是有效教学理论在课程思政假设方面的具体体现。

7. 中国共产党领导人对课程思政的指导意义

中国共产党成立以来，多位领导人关于高校"课程思政"有着诸多论述和指导思想，从一开始对思政课的认识，到对课程所坚持方向的认知，再到对各类课程各教育者都具有育人功能的倡导，体现了对课程思政建设的探索过程。

（三）课程思政的实践依据

1. 意识形态教育的复杂性

从根本上来说，新时期课程思政的现实推进源于意识形态教育的极端重要性和复杂性。作为"软力量"的意识形态标志着一定的阶级和利益集团对社会形成了独立力量。对于意识形态的极端重要性，马克思在其著作中也有所提及，"如果从观念上来考察，那么一定的意识形式的解体足以使整个时代覆灭。"由此可见，意识形态工作的开展既需要从顶层设计上赋予现存政治制度以合理的思想体系，又需要通过各种方式引导社会成员认同这些思想观念，使社会成员在价值选择和行为实践各方面能自觉地遵循思想观念的指引。意识形态正是通过教育的手段才为社会成员所接受并成为他们实践活动的内在依据和真实动机，它需要借助一定的价值符号去论证社会政治经济制度、社会决策及社会运行秩序的合理性，这个过程涵盖社会的方方面面。因此，意识形态教育是一项涵盖多元因素的综合议题，关键在于如何实现社会成员在行为实践、情感生成、态度倾向、价值选择、理想信念形塑等方面的内在统一，并且使以上诸多方面符合社会主流意识形态。校园教育承担了意识形态教育的很大一部分任务，它也是意识形态教育的主要领域，整合了高校诸多教育资源形成意识形态，教育、育人合力需要从课程这一主要的育人载体着手，通过课程搭建起个人与社会、实践活动与思想信念体系内在转化的桥梁。以课程为载体整合教育资源、实现意识形态教育目标，需要以明晰各个学科蕴含的具体价值取向，与社会主义核心价值关系为思考前提，在良好的课程教学环境中推动社会主流意识形态的生成，以积极的思想观念引导学生在构建学科知识体系的同时，形成正向的情感态度、科学的思维方式、正确的价值选择和坚定的理想信念，使学生在面对社会多元价值信息时能够自觉地倾向于符合主流意识形态要求。

2. 立德树人根本任务实现路径的多维性

党和国家始终把培育共产主义信念和社会主义意识形态作为教育的核心要义，高校承担了育人的职责和使命。立德树人根本任务经历了阶段性的演进逐渐明晰：从中华人民共和国成立到20世纪六七十年代，教育工作主要强调对国家、中国共产党和社会主义的认同，培育爱国主义精神、社会主义觉悟和共产主义情怀，以及树立辩证唯物主义和历史唯物主义观；20世纪八九十年代注重政治方向和社会主义发展方向的正确性，拥护党的领导，将有理想有道德放在了"四有新人"的前列；进入21世纪教育重视世界观、人生观、价值观的教育，树立社会主义理想和信念。新时期，更加注重立德树人的历史使命，在培育担当民族复兴大任的"时代新人"的整体规划中，将"立德"置于了关键地位。由此可见党和国家一直将培育社会主义建设者和接班人作为教育主线贯穿于各个环节。要达成立德树人的使命不能仅仅依靠思想政治理论课，可将其定位为一项系统育人工程，多渠道利用各类教育载体，丰富思想政治教育的主体，建立健全思想政治教育长效机制等多个维度共同推进育人目标的实现。新时期意识形态教育目标的实现和立德树人根本任务的完成，应该拓宽思想政治教育的外延，围绕思政课程和各类课程的核心，以日常思想政治工作为辅助，构筑系统科学的思想政治育人环境。

3. 思想政治教育课程建设和改革的不断推进

长期以来，价值引领在高等教育中的作用仅限于思想政治理论课。在非思想政治教育专业中，思想政治教育存在"边缘化"甚至无知现象。这给高校思想政治教育工作的发展带来了巨大挑战，为解决思想政治教育与专业素质培养的错位问题，在各类课程教学中实现知识传递与价值引导的同频共振，就成为当前工作的重中之重。课程思政的推进，既适应了思想政治教育课程改革的需要，也是思想政治课程改革在新时期的长期实践中的探索。

课程思政理念逐渐明晰和得以确立。第一个阶段是依托教学各个环节强化思想政治教育，重塑青年学生对共产主义的理想信念。在20世纪80年代党中央和国务院就有了将高校部分课程，特别是一系列思潮课作为马克思主义理论课的补充的意识。党中央在党的十二大报告中强调了共产主义精神的重要性，随后，教育部先后印发了《关于在高等学校逐步开设共产主义思想品德课程的通知》和《关于高等学校开设共产主义思想品德课的若干规定》，坚持以马克思主义为指导促进教育工作整体推进，以马克思主义意识形态占领育人主阵地，削弱错误思潮传播的渠道。这一时期高校以一系列思潮课程和相关讲座讨论支撑马克思主义理论课教学，并且为了回应时代变革尤其是科学技术革命对思想领域的巨大冲击，哲学社会科学、自然科学、艺术类等学科依据自身特点，从不同领域支持了马克思主义理论课的发展。这个阶段其实已经折射出党和国家将高校其他课程和马克思主义理论课共同推进的思想政治教育的倾向。

第二个阶段，强调马克思主义理论教育与哲学社会科学的衔接。20世纪90年代，高校掀起将马克思主义最新理论成果引入教科书、课堂、思想的热潮，将马克思主义最新理论明确渗透到哲学、政治经济学、科学社会主义等思想政治理论中，积极将马克思主义最新理论成果融入哲学、社会科学相关学科的教学环节。进入21世纪，教育部强调，哲学社会科学研究人员和思想政治工作者是主体，马克思主义理论是教育中的力量，认为哲学和社会科学是从属关系。中国大部分学科都有思想教育的空间，哲学社会科学课程也可以承担思想政治教育的功能。

四、新时期课程思政理念的形成与课程思政的当代价值

（一）新时期课程思政理念的形成

2005年，在上海市推行的"学科德育"教学改革中，教育主管部门要求将德育内容

和中小学的各门课程相关联，将德育功能的发挥诉诸学校的各类课程，同时要求每位教师承担起德育责任。2010年，上海市在"整体规划大中小学德育课程"的实践探索中，寻求德育课程一体化设计方案，旨在实现大中小思想政治课程的有效衔接；发挥第一课堂的主渠道作用、第二课堂的文化与实践育人作用、拓展网络教育的运用范围，以及切实提升网络教育的教育内涵；实现学校、家庭和社会"三位一体"的综合育人效应。2014年上海教育综合改革将大中小幼德育一体化作为重点，将"立德树人"的根本任务嵌入整个教育体系，将思想政治教育渗透到学校教育的全过程，推进构建立体化育人模式，同时与高校全方位、全过程、全员育人的思想政治教育体系建构过程相得益彰，"课程思政"理念逐渐形成。自2014年以来，上海高校探索了从思政课程到课程思政的转变，逐步推进"课程思政"理念的形成与发展，并选取了部分高校进行试点，着力发掘综合素养课和专业课程蕴含的思想政治教育资源。2016年全国高校思想政治工作会议召开，习近平总书记在会议上指出："要用好课堂教学这个主渠道，思想政治理论课要坚持在改进中加强，提升思想政治教育亲和力和针对性，满足学生成长发展需求和期待，其他各门课都要守好一段渠、种好责任田，使各类课程与思想政治理论课同向同行，形成协同效应"。习近平总书记在第二十三次全国高等学校党的建设工作会议的讲话中指出，"办好中国特色社会主义大学，要坚持立德树人，把培育和践行社会主义核心价值观融入教书育人全过程"。

在近几年的思想政治教育工作的相关会议和实践课程中，课程思政也得到广泛认同。在2016年改革和创新高校思想政治工作会议中，复旦大学马克思主义学院陈金华教授认为，只有从学生关心的现实问题入手，才能增加马克思主义理论的解释力和思政课堂的吸引力。杨涵则认为应该主动转变思路，加快思政课程向课程思政的转化，从而打破传统思政教育理念，拓展和深化思想政治教育的内涵，实现"大思政"格局。2018年1月9日，中央电视台《焦点访谈》节目专题报道了上海外国语大学和上海其他高校开展课程思政的情况。这在中央电视台是首次，引起了全国的关注和热议。习近平总书记的讲话和教育部的要求，明确了开展课程思政建设的总体方向和主要任务。2018年8月29日，《人民日报》又以"把思政之盐溶入教育之汤"为题，专题报道了上海高校开展课程思政的情况。中央提出的课程思政建设，正是在新时代学习贯彻落实习近平总书记重要讲话精神，充分体现全员、全过程、全方位育人发展理念总要求的大背景下，进一步有效提升高校思想政治教育的针对性和实效性而开展的教育教学改革的产物。

（二）课程思政的当代价值

高校将对学生的思政教育融入各个专业课程的教育教学改革中，并对学生进行不间断的社会价值引导与专业知识传授，从而在润物无声中创造性地实现立德树人的根本目标，为培养新时期的社会主义建设者和接班人创造了重要条件。

课程思政实现了专业知识与价值引领的有效结合，成为学生学习专业知识及提高其思想政治品德的有效途径，实现了育人效果的最大化。从字面含义来看，课程思政同时具备了思想教育的人文属性和价值理念的道德引导属性，而这两个属性在本质上都是基于人才培育的目的而存在的。高校长期以来只注重专业知识的讲解，忽视了教学的德育功能，背离了教育的初心。教育不应只是传播知识的渠道，更应发挥其育人功能。课程思政通过将思政理论内涵融入专业学科教学中，重新激活教育的价值导向功能，使学生在学习专业知识的同时形成科学的世界观和人生观；与此同时，通过梳理辨析多元的价值理念，学生能够更加明确自身的价值追求，课程思政改革的推行实现了传统文化和现代文化的有机统一。追溯中华文化的发展历程可以发现，政治思想始终伴随其生长繁衍。课程思政理念作为传统文化的接续，通过道德品质和思想信念的熏陶来培养学生的人文素养。在新的时代背景下，由于一些错误舆论的影响，加之思政工作的实效性有限，部分学生很容易走入价值认知的误区。课程思政教育理念的提出就是为了及时防范这一现象，确保学生在马克思主义科学思想的引导下不断向前。

第二节　高校思想政治理论教育课程体系构建

一、加强核心价值观教育引领作用

不解决学生思想困惑的思政课不是成功的思政课，不能解答学生困惑的教师不是好的思政课教师。思政课改革应注重发挥思政课在大学生社会主义核心价值观教育中的引领作用，从内容建设、教学方法改革、师资团队组建乃至互联网手段载体运用上多途径推进改革，着力增强高校思想政治理论课的针对性和有效性。

课程思政建设总体目标是要围绕全面提高人才培养质量这个核心点，构建起以思想政治理论课为核心、综合素养课程为支撑、专业教育课程为辐射的高校课程思政育人体系。出台完善与课程思政建设要求相匹配的管理制度，全面提升广大教师开展课程思政建设的意识和能力，不断提高课程育人的实效。课程思政理念深入人心，课程思政建设全面融入学校现代治理体系。围绕高校思想政治理论教育课程体系建设，思想政治理论课、综合素养课及专业课三类课程应有不同的功能定位，并明确具体的建设重点。

例如，在教学方法改革上，上海市教委面向全市推出社会主义核心价值观"超级大课堂"。超级大课堂以"问题来自学生、声音来自一线、点评来自权威"的生动形式，面向全市所有大学生征集培育和践行社会主义核心价值观过程中的困惑和疑问，一线教师与学生课堂直接对话交流，专家多角度解说社会主义核心价值观重大意义与价值，打造成全市性的社会主义核心价值观公开示范课。

在师资团队组建上，上海交通大学采用"1+4"思政课教学模式，由1个多元组合的教学团队轮流走进思政课堂授课，同时引入"大班教学、小班讨论、社会实践、网络教学"4个环节的多课堂教育。组建起的这支教学团队包括校长、校党委副书记及校内外教学名师，形成跨越专业、学科交叉的"客座教授"机制。张杰院士给学生上课时，运用比较方法，从"广义"到"狭义"，从"政治版"到"生活版"，讲解了"美国梦"的困境与"中国梦"的前景，受到学生热捧。

在互联网手段载体运用上，复旦大学探索推出"思想道德修养与法律基础""慕课"，积极运用互联网等新的手段载体，"线上""线下"翻转课堂，使思想教育工作更接地气、更有活力。在线教学运行两个学期以来，进行小班上课，学生分组讨论，学生与教师一起成为课程参与者，激发了学生的学习兴趣。

实践证明，思想政治理论课是对大学生系统开展马克思主义理论教育、开展社会主义核心价值观教育的有效路径，是社会主义大学的特有优势，通过深化改革，突破"你教我学"的传统教学模式，引导学生对问题用主人翁的态度思考，讲授时层层剥笋，不牵强不刻意，遵循学生认知规律，从而使"课堂活起来，学生真受益"。

二、在人文素质教育中根植理想信念

高校综合素养课程要有灵魂，要成为培育和践行社会主义核心价值观的重要课堂，其使命就是在潜移默化中加强理想信念教育。为此，上海一方面抓紧制定综合素养课程建设价值标准。围绕体制机制、课程设置、教师选聘及教学方式等方面，修正通识教育体系，强化政治方向和思想引领，凸显综合素养课程的价值使命；另一方面，开展试点，推出一批紧扣时代发展、讲授中国故事、回应大学生关切的综合素养课程，如复旦大学"治国理政"、上海交通大学"读懂中国"、同济大学"中国道路"等。这些课程具有以下显著特征：一是学校为课程开设配备最优质资源保障，校党委书记、校长均亲自走上讲台授课。二是深深植根学校办学优势，激发学生学习动力。三是聚集顶尖师资团队，强调团队组合。四是注重开拓创新，在形散神聚中增强教育教学的吸引力和感染力。例如，同济大学"中国道路"课程围绕"创新、协调、绿色、开放、共享"五大发展理念，旨在让学生从不同视角加深对中国道路的理解。课程每学期举办6—8场专题讲座，每个专题均由各专业的名师名家授课。

实践证明，综合素养课程能否取得好的效果，主要取决于谁来引导学生思想、引导到何处去。高校里的大家名师，在讲授知识的同时，还阐述知识背后的逻辑、精神、价值、思想、艺术和哲学，以"润物无声"的形式将正确的价值追求和理想信念有效传导给学生。

三、在知识传授中强调价值观的同频共振

以专业技能知识为载体加强大学生思想政治教育，具有强大的说服力和感染力，有助于将课堂主渠道功能发挥最大化，扭转专业课程教学重智轻德现象，具有其他教育方式不可替代的优势。

针对哲学社会科学课程，尤其是意识形态属性较强的课程，牢牢把握立场根本问题，充分挖掘课程中蕴含的思政元素。例如，外语类课程思政，培养的是学生语言文学文化。研究语言的科学是语言学，语言的物质载体是语音，语言的书写符号是文字，语言的建筑材料是语汇，语言的结构规则是语法，语言的表达内容是语义，语言的运用特点是语用。语言包括母语与外语，文学文化既有中国又有外国，思想文明涵盖东方与西方。语言的发展和变化，语言的获得和学习，语言与思维活动，语言与民族文化，文学与思想、政治、经济、社会、历史、民族、宗教等，都蕴含了丰富的课程思政元素与内容。在实践运用中，比如上海外国语大学推出"中外时文选读"课程，由思政课教师提供我国国家领导人在国外大会演讲或报纸杂志上发表的文章，由专业课教师在课堂上进行讲解，反响热烈。有学生表示："学习语言的过程也是学习中国特色社会主义理论的过程，我在阅读和听讲中聆听国家领导人在世界发出的声音，了解到当前国家治国理政的大方略，不仅具有丰富的知识含量，而且给人以信仰和力量。"

针对自然科学课程，重点开展职业素养和科学精神教育，引导学生心怀国之大者。传统的理工科类课程的知识体系架构，往往是一个逻辑严密的体系，由若干章构成，每章包含了若干节，每节里面又有若干知识单元，每个知识单元又有大致的架构，包括基础的知识点、核心的知识点以及拓展的知识点。教师为了帮助学生更好地理解掌握这些知识，往往还会提供一些案例。这些案例，可以是例题，也可以是习题，也可以是小小的测验题，或者说是一些课外的训练项目，等等。在课堂讲授中，一般来讲按照从简单到复杂循序渐

进的方式来排列知识体系，目标是让学生更好地掌握、理解这些知识。所以知识传递是教学的重心。但知识是承载问题的一个媒介，问题才是真正意义上的核心。知识反映的是事物、是规律、是现象，实质是冷冰的物，而一门课程要感染人，就必须要通过人来相互感染。而问题恰好是由人来提出来的，也是由人来回答、来解决的，通过一个个融合科学知识与价值观的问题，能够让自然科学类课程的课堂做到横向有广度、纵向有深度，体现出思维高阶性、视野创新性和育人温暖度。

实践证明，"课程思政"充分体现每一门课程的育人功能、每一位教师的育人责任，提高全体教师育德能力和育德意识，有助于改变专业教师"只教书不育德"、思想政治教育教师单兵作战的现象，从而使思想政治教育从专人转向人人。

第三节　高校课程思政建设实践探索

一、课程思政建设面临的困境

（一）课程思政核心理念认识不明确

1. 德育之"德"与立德树人之"德"存在混淆

（1）学校管理者层面。例如，有的学校领导层面对课程思政立德树人的方向、目标等认识较为明确，具体将"德"的内涵深化为职业道德、生命价值与奉献、友爱的人文关怀。但是，政治认同与职业道德、个人道德有共通更有相异之处，尤其是随着社会道德水平的发展，具体的社会道德及个人层次、个人意识中的道德准则是有着本质区分的。

（2）学校教师层面。有的教师认为，课程思政的思政就是思想政治，凡是精神层面的内容都可以是思政教育的内容，如"格物、致知、诚意、正心、修身、齐家、治国、平天下"在其担任课程的教学过程中，主要将传统意义上的道德精神、对人的关爱、对生命的尊重作为"思政元素"。有的教师认为，思政，第一要强调的是思想，这是对于理想信念的要求；第二要强调的是思考，在课程建设中，也要让学生学会主动地去思考和思辨。在其承担课程的教学过程中，充分挖掘专业知识所蕴藏的人文精神与科学精神，培养学生仁爱之心，让学生学会感恩。还有的教师则认为课程思政就是表达"善恶观"，教师落实课程思政就是体现为人师表，上课时注意自己的言行举止，尽量传播正能量，认为"刻意就变味了"，加上本身教学课时就比较紧张，"课程知识内容都讲不过来"。不同教师对课程思政的不同理解导致了育人目标、主动性的各不相同。由此可见，课程思政在不同学科、不同课程、不同教师之间的落实效果是不平衡的。

（3）学生层面。绝大多数学生认为立德树人之"德"主要为公民道德，大学生群体普遍存在着对社会主义建设者和接班人的政治方向，与普通公民道德教育、大学生德育混淆的现象。立德树人与大学生德育有着本质区别，而大学生德育的教育目标是传统意义上的公民品德，或称之为人生教育。大学生的德育规范与全体公民的价值观教育有着目标与内容上的共性、共通、共融，都属于人生教育的范畴，但作为社会主义建设者和接班人来说，应当认识到立德树人要坚持把人才政治方向的培养放在第一位。

2. 推行课程思政的自觉性不够

无可避讳的是，现实环境中实施课程思政的主要动机是实现学科评估相应指标、示范课程建设、上级督导及发现问题后的补充或整改，而缺乏实施课程思政的自主性、自觉性，多数是被动、被要求实施。另外，考核、评估的指标化往往导致部分教师内生动力受损，其主观实施的积极性、自觉性大受影响。还有部分专业教师本身有着良好的、自觉的价值教育出发点及愿望，却不得不妥协于较为繁重的专业教学和科研任务，其主观开展课程思政的自觉性、能动性，被"硬性工作""硬性任务"挤占。正如有的教师所言"上课都来不及"，也是由于对课程思政教学理念的本质内涵、目标意义把握不够、领会不深，导致了认识不到位、不充分，在实际实施过程中自觉性不够。近年来在国家"双一流"建设的驱动下，高校领导把主要精力投入到一流学科建设上，放在衡量高水平办学的指标提升上，办学理念偏向于对高显示度指标的获取，因此专业课与思政课同向同行、协同育人的课程思政教学改革还有待加强。部分高校专业课教师落实课程思政不到位，导致高校落实立德树人根本任务的主要抓手落空，课程思政实施不自觉、不彻底。

（二）课程思政组织体系构建不完善

校党委宣传部负责全校的思想政治工作，教务处是课程思政教学改革的管理部门，马克思主义学院是课程思政教学改革的指导部门。在落实层面，校党委宣传部通过组织全校性的相关理论学习活动，来开展课程思政引领；教务处也发挥了课程思政的管理职责，对二级学院贯彻落实明确提出了相应要求；马克思主义学院一方面受邀指导各二级学院开展课程思政，同时也时刻围绕课程思政与校党委宣传部、教务处保持协同会商机制。校党委宣传部的思想宣传、舆论宣传，教务处的日常教学运行、学科建设，马克思主义学院的思想政治理论课教学等，都是学校工作体系内相对艰巨、繁重而且非常重要的工作任务，但在课程思政改革的具体工作方面目前尚未明确，例如，校党委宣传部下属哪一科室来贯彻课程思政，教务处谁来具体管理课程思政，马克思主义学院到底由谁来负责。

国内高校在推进实践的过程中也纷纷明确了课程思政上层管理层级即高校党委的主体责任，高校党委之下有分管校领导负责，然后确立一个主要部门来牵头负责管理，比如学校教务处负责、马克思主义学院引领、二级学院自行组织三种实践模式等，有着各自的优缺点，孰优孰劣暂难考量。但是在制度安排和运作实践中，仍然无法确定高校课程思政中层组织架构内的教务处做什么，马克思主义学院做什么，二级院系该承担什么责任。甚至在学校党委的宣传部门、学生工作部门、统战部门的分工协调过程中厘不清各自职责，责任共担往往会造成相互推诿。因此，高校内部的课程思政组织体系构建、校党委之下的责任主体明确、部门间的协同机制仍需确立和完善。二级学院中层组织层面，由于多数高校的二级学院党组织负责同志，如分党委、党总支、直属党支部书记，并不直接分管教学，多数管理干部出身的基层党组织负责人并不参与教学，导致现实中二级学院党组织负责人对教学、教学管理没有足够的话语权，对所在院系的任课教师也没有直接管理权限。部分分管教学的二级学院副院长不是中共党员，而是其他党派。所以，二级学院课程思政落实存在着三方面的问题。

①党建引领课程思政教学不够，党组织领导课程思政教学改革没有抓手，尤其是对非党员教师的课程思政落实需要加强指导和管理。②教师尤其是自然科学学科教师的政治素养、政治觉悟需要得到切实有效的提升。③由于学校学科属性、专业背景、教师学习背景导致教师教学过程的管理难度较大，而二级学院对教师也缺少真正有效的教学实施管理、约束机制。

（三）课程思政制度可操作性不强

对于各高校相继出台的《××大学推进课程思政工作实施方案》而言，有的大学的相关落实安排及组织保障是全面的，具有引导各学院、各部门开展课程思政的全校层面推进意义，并以校级文件的形式来发布，具有一定的权威性和强制执行性。但在操作层面，学校和二级院（系）尚未有在"人、财、物"及"权"等方面的具体实施细则。

然而，一些高校虽然出台了本校的课程思政实施制度，制度的推行却仅停留在文件的文字中和会议精神的传达上，没有具体的实施措施。学校出台的制度一般为全校层面的工作总体安排，往往造成了"口号化""条块化"和"运动化""无序化"。出台的课程思政实施办法的相关文件中虽然包含指导思想、工作目标、主要举措及实施保障四个方面，但在举措和保障两个本应重点布置的工作方面，却缺少相应的权责细化和任务分解，实施保障条款中虽然成立了校领导牵头的领导小组，而小组如何落实课程思政、怎样推行课程思政均无制度安排。党委宣传部、教务处、人事处、学生处、马克思主义学院等部门和学院的协同联动，既没有路线图，也无可操作性的、需要协同的具体事项。该办法提出了工作考核任务，但方案中却没有实施评价的相应条款。因此，由于学校课程思政制度缺乏操作性，缺失评价体系，在实际落实过程中会造成课程思政缺少应有的实施支撑并影响实践的长期性。

在课程思政制度落实效果方面，在日常教学实践过程中教师本人自主实施的一些好的做法、部分教师开展课程育人的主动作为等，很难受到学校层面的应有关注与适时鼓励。而发表科研论文、申报课题、参加竞赛等"短平快"项目彰显度最高，真正在日常的、普遍性的教学过程中认真贯彻课程思政、执行教书育人的老师很难被学校全面掌握到情况，更缺少评价和激励。

（四）综合评价体系不够健全

虽然有的高校已经建立了教学督导队伍、学生信息员制度、领导干部听课制度、学生网上测评教学制度等来掌握课程教学情况，但课程的思政教育评价尚待有效融入上述教学过程的管理与监督体系。例如，学生信息员只可能反馈教师的教学秩序情况、知识讲解能力及学生学习掌握情况，当前不可能去反馈课程思政落实情况，最多也只能搜集师德师风方面的有关信息。因此，课程思政的有效评价体系尚待建立和完善。

在对教师的评价方面，高校教师考核评价结果是高校教师选用聘任、薪酬、奖惩等的重要依据。教师的教学、科研成果和育人成效相比，前者更为容易得出结论，更具可操作性。而对课程思政的绩效评价，过多侧重于教师参与"活动"的评比、课程思政学术成果的评比，而忽略了教师在日常教学、平时应用过程中的实际效果评估。在日常教学环节中，教师到底有没有落实课程思政系列活动所展示的理念、内容、方法以及落实效果到底如何却被忽视。在教学一线真正探索课程思政的教师，与教学过程中只讲解学科知识的教师，该如何区分并形成全面评价？也就是在日常教学中，课程思政教学改革做与不做、做得好不好，学校有关部门尚缺渠道和体系去观察、掌握情况，客观评价难以形成。尤其是事业单位全面实行绩效考核后，没有将课程思政推进质量、内容、成效等落实情况纳入，教学绩效考核指标体系与职称评定指标体系中。

（五）师资队伍培训不够系统化

虽然高校的管理干部、思想政治理论课教师经常到省委党校或省级干部培训部门接受思想政治理论学习和培训，但专业课教师的政治理论学习仅局限于校内组织的政治理论讲座报告、会议精神传达，缺乏系统性。实际上专业课教师的政治学习情况也要重视，虽然学校层面的每一次政治理论学习基本上都要求各专业学系负责人、副高以上职称的专业课教师参加，并要求考勤刷校园卡，但与会专业教师往往很少。这是因为不参加学校政治学习，不影响教师的年终考核、工作量考核、教学科研考核乃至职称晋升、升任硕导与博导等。在单次学习都无法保证的前提下，系统化培训难度更大，但也因此更加需要。而各类培训中较少对政治理论做系统安排，所以加强大学教师政治理论知识的培训是重中之重。

师资培训的缺失给课程思政的思政教育实施带来了理论运用及思政教学能力的局限，政治素养的缺乏会带来课程思政思想教育、价值教育等根基不牢靠的风险。专业课教师实施教学的过程中，对于本课程的知识掌握与传授一般问题不大，然而如果对"思政"概念及其内涵的认识不清楚、开展思政教育教学的能力不足，就会导致其主观上与客观上都实现不了课程思政的预期目标与效果。

二、课程思政的实践分析

（一）制度建设

围绕国家关于推进落实课程思政教学改革的有关政策，众多高校纷纷出台了本校的课程思政实施方案等制度文件，作为本校课程思政的顶层设计。例如，安徽建筑大学课程思政实施方案中明确了加强组织领导、加强协同联动、强化工作考核、提供经费支持等要求；湖南工学院课程思政实施方案中也提到了加强组织领导、加强协同联动、强化工作考核三个方面；温州大学推进课程思政实施方案中也提到了相同的三个方面，最后一个方面是激励机制，与安徽建筑大学实施方案中的经费支持有共同之处。大体上所有高校制订的本校课程思政实施方案在这几个方面是相同的，这也从侧面体现了高校课程思政在校级层面的制度建设显得较笼统，趋于同质化。

二级院系是落实课程思政教学改革的主要部门、关键部门。如哈尔滨理工大学软件与微电子学院制订的课程思政实施方案围绕工作目标、实施办法、保障与激励等做出了具体安排。然而，除了部分高校的独立设置学院（下属公有民办学院）之外，很难再了解、掌握到其他高校的二级院系层面出台的课程思政实施方案材料，但关于落实本校的课程思政相关的教学活动、评比等所制订的操作办法却比较丰富。

（二）组织架构

明确了高校党委实施课程思政的主体责任和领导地位，学校党委负责人即高校党委书记是第一责任人。如北京第二外国语学院党委书记顾晓园认为课程思政教学改革是"一把手"工程。大连工业大学党委书记葛继平对高校课程思政实施工作作了直接布置，包括：第一，明确内涵；第二，分步推进；第三，明确责任；第四，完善政策。在高校内中级层面的课程思政实施组织方面形成了三种模式：第一种是学校教务处发挥着引领性的作用；第二种模式则是由马克思主义学院发挥协同引领作用；第三种模式是学校党委或党委的工作部门如宣传部统领，二级学院或二级教学单位自行组织推进、并驾齐驱。虽有三类因不同组织体系产生的不同观点，但是至少提出了课程思政该由哪个部门牵头、承担的问题，避免了职责、权责不分。

（三）指导培训

第一种培训方式以讲座形式为主，例如，上海市以邀请相关高校的专家学者开展辅导报告作为主要特点，举办讲座的同时开展"工作坊"，"工作坊"是以一名主讲人为核心，大概几十名教师组成小团体，在该主讲人的指导之下，进行讨论、讲述或通过其他多种方式共同探讨课程思政。主讲人都在高等教育领域有所建树，主要包括：高校党委或行政负责同志、某一课程实施课程思政的"名师"、马克思主义学院有关负责同志、马克思主义学院教师等。然而，主讲人对课程思政到底有着何种程度的理论研究或值得推广的实践经验却无法探其究竟，也就是主讲人作为课程思政实施的指导者这一资质的确定没有科学性，导致辅导内容、质量得不到保障。第二种培训方式是以研讨会的形式开展，当然有些学校组织的研讨会其实在性质、形式上还是属于"讲座"，即一人主讲、他人讨论，或者是领导主讲，其他参会者谈感受。另外就是全国、全省范围内的关于课程思政实施层面的讲座报告、研讨会，参与的教师数量与某一学校教师总量相比较少，缺少覆盖面。

（四）实践探索的呈现

1. 以科研出成果

由于高校特殊的工作机制，尤其是教师的职业发展体制，使教师在推行课程思政教学的同时，常将本课程的教学内容和课程思政相结合的做法作为学术论文等形成科研成果。

这一做法既有学校推动的因素，比如组织课题申报和科研立项，也有教师注重自身成果的积累，而主动参与改革实践、开展学术提炼。

2. 以活动为形式

课程思政的教学过程中可以加入讲课竞赛或说课比赛、课程思政主题活动月、教学案例征集、集体备课等。这些活动的特点是形式丰富、效果明显，虽周期较短，但能形成现实层面的结果、成果作为课程思政教学改革实施的体现，这些结果、成果还可用于工作总结、经验介绍、成果展现及上级检查等。

3. 通过会议布置工作

学校、二级院系、教学管理部门通过各级各类会议强调课程思政的落实和推进，有专门、专题会议的形式，也有在其他会议内容中穿插布置和工作强调的情形，这一做法每一所高校都会实施，具有普遍意义。其关键在于会议召开以后的落实监管，以及下一管理层级通过会议传达上一级的指示精神，会议布置工作具有必要性，但应避免下一级只停留在以开会的形式落实上级会议精神。

总之，高校在建设课程思政实践探索的过程中，要注重结合学校特色。以上海海洋大学为例，上海海洋大学成为上海市课程思政的"整体试点校"，选出了几门专业课程作为课程思政建设的重点课程进行建设。上海海洋大学在推进课程思政建设的过程中，将"鱼类学"作为首批入选课程思政建设的课程，这门课程是水产学科的主干课程。这门课程沿袭了本校的传统，将学科发展与专业教学进行有效的结合，同时也将国家的新思想、校训精神融入了这门课程当中。"鱼类学"这门课程的选定充分体现了上海海洋大学的发展特色，并且按照课程思政的实施标准将课程思政的目标写入了教学大纲当中。特色发展原则要求各高校在开展课程思政建设的过程中，坚持根据本校的发展特点来选出适合课程思政建设的课程，并按照这些课程特点，发掘出课程思政的要素。如"中国系列"思政课的"一校一特色"的学校及课程，包括复旦大学的"治国理政"课程、华东政法大学的"法治中国"课程，以及上海中医药大学的"人体解剖学"为示范的专业课程，这些院校开展的课程都是建设课程思政的示范性育人品牌。高校进行课程思政建设时，要善于运用本校的优势，根据本校实际情况，结合当地的地域特色，运用好能够利用的思想政治教育资源，拓宽教师的教育视野，对学生进行有效的思想政治教育。

（五）评价体系

高校对课程思政的教学反馈与评价，以学生群体对教师实施课程思政的信息采集为依据，主要通过网上测评、调查问卷、教学信息员反馈三个途径。通常各高校采取的途径还有教学督导、教学管理听课等。也有学校开展了全校层面的课程思政落实专项检查，通过量化、细化评价指标来检查教学文档，如课件、教学大纲等，通过开展学生座谈来收集学生层面的课程思政实施情况及效果测评。有的大学由教务处组织专项检查小组到各学院实地检查，其中包括：自查报告、研究与交流材料、教学大纲修订、教学计划和教案（PPT）及应用案例等。当前，国内各高校实施课程思政教学改革的主要情况可以归纳为：第一，都能明晰课程思政实施的根本任务是立德树人，但对课程思政的实施目标即"德"的方向、内涵尚未形成统一理解。第二，都确立高校党委落实课程思政的主体责任，但高校内部中层的管理部门设置、分工、权限划分等组织结构各不相同。第三，学校层面都制订了实施方案作为制度推进措施，但下属二级院系的落实制度尤其是保障制度需要加强。第四，都组织了讲座报告辅导，但培训工作缺少系统化，覆盖面较窄。尤其是指导者、主讲者的资质、能力需要界定，难以达到课程思政实施目标、方向的统一。第五是课程思政科研方面体现在各课程自主展开研究，缺少必要统筹，尤其是缺少思想政治理论方面的指导。高校应避免错误的、主观的、片面的科研理论用于教学实施。最后，在课程思政教学改革效果评价方面，尚缺少覆盖面较全的有效观察途径。

三、课程思政设计实践要求

课程思政设计要着眼于"一节课、一门课到一个课程体系"的关系。我们不能要求每节课都是"饱和思政"，因为有些课程内容可能就是纯知识教学的，那么就要尊重原有的课程知识体系开展教学。一项成熟的课程设计应该着眼于人才培养的知识系统，面向一门课程乃至整个专业课程群开展系统设计，体现课程思政层次性，科学、自然地将思政元素融入其中，因为对课程思政建设成效的评价应该是多维度、多层次的系统。一般来说需要经历三个基本流程，即把握课程思政总体设计框架—开展具体课程思政教学实践—进行课程思政教学效果评价，在此基础上能够提炼本课程开展课程思政的特色与创新，并就未来长期课程建设形成稳定思考。

（一）把握课程思政建设总体设计框架

任何一门课程的课程思政设计，都要基于本校的办学定位、专业特色和人才培养要求，准确把握本课程的课程思政建设方向和重点，科学设计本课程的课程思政建设目标，优化课程思政内容供给，将价值塑造、知识传授和能力培养紧密融合。

在把准优化课程思政教育内容上，一方面，要把准主线与重点，要坚持把准抓住主线，这条主线就是坚定学生理想信念，教育学生爱党、爱国、爱社会主义、爱人民、爱集体。要优化内容供给，充分用好改革开放场景，用好城市红色文化资源，挖掘专业课中包含的真善美的育人资源，系统开展中国特色社会主义和中国梦教育、社会主义核心价值观教育、法治教育、劳动教育、心理健康教育、中国优秀传统文化教育，大力弘扬伟大建党精神、伟大抗疫精神等。比如，习近平总书记考察上海走过的足迹，每个场景都富含深刻教育意义，可以通过实地体验、视频连线等方式，让学生亲眼见证、亲身感悟，在沉浸式教学中深化认识。另一方面，要研究提炼教育内容。在实践中，很多专业课教师对课程思政元素的把握还不够系统、不够全面，实际上这种情况很正常，因为课程思政的教育内容提炼，不仅考量教师的专业知识，而且考量教师的经历背景、视野格局等，这就需要加强教研室集体备课，围绕教学设计、教学融入进行协同、合作、交流，确保课程思政落实到教学各环节、各方面。比如，上海理工大学张振东教授在讲授"发动机原理"课程思政教学案例中，围绕"汽油机混合气的形成"，指出"电控汽油喷射取代化油器，推动了汽车产业发展和技术进步"，进而延伸到绿色环保意识和可持续发展。通过这样的集体备课，无疑会增加课程的广度和深度。

（二）精心做好课程思政教学实践实施

这里重点涉及如何深入挖掘思想政治教育资源，完善课程内容，改进教学方法，探索创新课程思政建设模式和方法路径，将课程建设目标融入课程教学过程。我们强调要做到因材施教，分类推进。要重点把握好三大类型课程，即综合素养课程、专业教育课、实践课课程的教学目标和特点，有针对性地建设一批有利于提升全体学生综合素质的公共课。同时，拓展专业课的广度、深度和温度，还要打造助力增长智慧才干的实践课，要发挥好专业课程在价值引领上的独特优势，遵循不同类别专业课程的特点和教学规律，完善育人目标，找准育人角度，实现从大水漫灌到精准滴灌，打通思政教育与专业教育融合一体的"最后一公里"。

例如，华东师范大学周立旻教授的"自然地理野外实习"课程，梳理原有以知识点学习、专业实践技能训练、专业思维养成为目标形成的实习资源群，按照"大工程/大战略/大生态/大民生"要素目标层进行资源重组，突出、强化"四大"特色实践点，构建了长江三角洲"大民生、大生态"，贵州"大工程、大生态"，新疆北天山"大战略、大民生"三个思政融合特色化野外实践资源教学群。同时根据分阶段实践教学设置，重组教学内容，在低年级以强化国情认知、科学素养、学业反思、团队协作为抓手，开展专业认知、技能训练型教学，并配置相应实践教学内容，在高年级以国家认同、理想信念、科学素养、对比反思为目标组织教学内容。

再比如，四川大学原副校长石坚教授在讲授"外语类专业课程思政建设探索与实践"时，指出从三个方面开展课程思政，即角度，教学从中国视角、中国角度出发，培养分析、比较、思考的能力，弘扬中国声音；深度，从文化深层次结构出发，观照现实问题、热点问题，帮助学生思辨性理解和认识问题；温度，教师自身素质修养的提高，关心关爱学生，让学生在习得知识的过程中感受到教师的人格魅力、品格修养，润物细无声地达到立德树人的目的。

南京大学天空与空间科学学院院长李向东在讲授"力学类专业课程思政建设探索与实践"课程中，提出从立意、创意、汇意、达意四个方面开展课程思政。所谓"立意"，就是目标指引，这意味着我们首先要确立课程的建设目标。而对于力学课程来讲，它主要涉及树立正确的世界观和方法论。所谓"创意"，是指问题导向，也就是我们怎么样在目标指引下顶层设计课程的内容。通常我们采取的办法，是以融合价值观的问题主线来构建课程的知识图谱。所谓"汇意"，是指以人为本，而这里的"人"，既包括我们的学生，也包括我们课程中的科学家，所以他要求知识价值融会贯通，通过展现科学研究中的人性光辉来感染学生。所谓"达意"，是指融合创新，也就是说，我们课程的内容和方式要相得益彰，我们要充分利用新的方法、新的技术、新的媒体，为我们的建设目标服务。

华东师范大学杜震宇教授围绕生物学科思政建设，梳理教学基本过程与要点。在教学准备阶段，重点是发掘元素与融入课程；在教学过程阶段，重点是依附知识并开展渗透教学；在教学效果阶段，重点是记忆固定与价值内化。提出忌机械、倡综合、重感悟、观实效四个原则，注重"六尚"，即专、亲、新、变、润、实，避免"六忌"，即滥、离、旧、僵、浮、硬。

（三）确立课程思政评价与成效标准

一堂好的课程思政教学是可以回味的。课程思政考核评价不应该是普通的常态课堂督导评价，而是要聚焦到课程思政目标的考核评价，要求在育人上做得更细、更透。

人才培养效果是课程思政建设评价的首要标准，要有鲜明的学生主体意识，尊重学生、理解学生，思考课堂教育教学对学生知识能力和价值观产生什么影响。从教师角度进入课程思政，就是课程思政与专业教学的关系；从学生角度进入课程思政，就是知识与价值的关系。课程思政要引导大学生睁开眼睛看世界，认识理解学术世界、学科世界、社会世界、劳动过程世界等多重世界。

要建立健全多维度的课程思政建设成效考核评价体系。在课程思政建设过程中,价值观的单一化、唯一性是较为普遍问题。但价值与知识的关系从来不是单一线性的,而是要在课程内涵上有所体现,多样化融合于课堂教学多种要素之中。在教学过程中,做到科学性和思想性协调、世界视野与中国特色协调、知识逻辑与价值引导协调、文化内容与精神维度协调。这样的课程思政教学效果能够达到"四两拨千斤"作用,打动学生心灵,甚至终身受益。

教师在课程思政建设中发挥关键作用。一方面,教师要保持一种教育情怀,做到用心、用情。只有这样,课堂才是温暖的,学生才能够感知教师的引领力量;另一方面,要把课程思政当成一门学问、一门专业。课程思政不是一种宣传话语,而是基于对教育教学规律、人的成长规律和思想政治教育规律的深刻理解,有着内在的规律性、科学性和基本方法规范,是教学研究的灵魂核心。我们梳理"金课"教师的普遍特征,都是具有坚定政治立场、娴熟教学方法、高超育人水平、过硬专业素养、对于学生和课堂保持热爱的好老师。所以,某种意义上说,评价一堂课课程思政开展情况,也是对授课教师综合素养的考察。

(四)善于进行课程思政教学反思

授课老师要能够清晰概括本门课程的课程思政建设的特色、亮点和创新点,事实上是一种教学反思,要基于人才培养目标、专业建设的定位、学情分析等多方面特点进行提炼概括。

第一,要思考自己的课程思政核心内容是否抓准了。这是课程思政建设的最核心内容。课程思政建设要基于"一堂课、一门课乃至一个课程体系"的关系来思考理解,这实际上就是要对本门课程最核心的课程思政内容要有基本把握。比如,上海大学李友梅教授等讲授的"费孝通学术思想研究"课程,基于课程知识的基本逻辑,在育人目标上定位以费孝通学术思想引领青年后学走好成为一名优秀社会工作者的成长之路。一是以费孝通的学术生命历程来感召青年后学赓续创新中国社会学经世致用、强国富民的传统;二是研习费孝通不同时期的经典作品、学术命题和理论洞见,以学术知识和学术话语来理解和揭示中国社会生活变迁与"中国之治"的深刻内涵;三是践行费孝通的"从实求知",从文化自觉到文化自信,不断提升"通过学习新的知识而将传统精神贯彻出来的"能力。

第二,要思考课程思政的方法是否做到恰当。从表面来看,是一位教师的课堂教学实践,一千位老师可能有一千种课堂教学形式,难以一一列举。从本质来看,是一种课堂教学观或者是教育理念在行动中的具体落实,有什么样的理念就会有什么样的教学风格。学生欣赏的是老师基于学理、基于事实、基于科学认知的个性化表达，并不欣赏老师不求学理和证据的放飞式表达，尤其反感老师把课堂作为自己随意发泄情绪的场所。一般来看，适宜的课程思政方法往往包含几种特征。一是注重言传与身教相统一。2014年9月9日，习近平总书记在同北京师范大学师生代表座谈时回忆："教过我的老师很多，至今我都能记得他们的样子，他们教给我知识、教给我做人的道理，让我受益无穷。"一名学生记住老师的不仅是他传授的知识，更多还是老师的外在形象和人格魅力。在学生眼里，老师是"吐辞为经、举足为法"，一言一行都给学生以极大影响。教师在课堂上的一个习惯性动作往往成为学生模仿的对象，一个深邃的眼神可能打开学生求索的志向。二是注重适合有度。中国的传统文化自古讲究"中和位育"："中和"是目的，不偏不倚，谐调适度；"位育"是手段，各守其分，适应处境。对于课堂教学也是如此：开展课程思政，不宜用力过猛，容易冲淡课堂知识教学主题，引起学生逆向思考；也不能过于绵柔，乃至学生体会不到其中蕴涵的深刻内涵。例如中国农业大学彩万志教授在讲授"农学类专业课程思政建设探索与实践"时，讲到他心目中的课程思政有四个层次："静，无负面言语和思想；浅，课程思政有一定的元素在里面；达，能够比较好地教书育人；雅，这是最高层次，润物无声，春风化雨的进行。"三是注重思想的沟通。课堂教学本质是一种沟通，尤其要注重师生的互动。例如上海大学叶志明教授提出课程思政建设中人与课程之辩证关系："教师教书育人是做好课程思政的思想与行动基础，课程思政是教师教书育人在课程教学中具体体现。"课程教学是人对人的教育，课程仅是载体而已。教书育人过程中的家国情怀、思想方法、知识素养等，是师生之间人品人格之传递。

第三，要思考原有知识体系教学目标是否充分达成了。各专业课程教学都担负着如何用科学的价值观引导学生认知世界、解释世界和贡献才智的任务。但各专业研究对象不同，各专业课程不可能都像思想政治理论课那样系统开展马克思主义理论教育。专业课程教师在授课中支撑我们的是整个学科科学，传递的是我们所从事的学科专业及其理论背后的价值、伦理乃至信仰。课程思政提倡思政元素春风化雨、润物细无声地融入正常的课程教学中。强调课程育人，不是要老师们不分对象地生搬硬套思政原理，而是重在以科学的理论和正确的价值观育人。专业课老师必须做到因课制宜，建立与课程本身知识体系相一致的育人方法和延伸表达。教学的任务是以学理和事实传播知识信息，引导学生独立思考，以学术精神，客观、冷静、全面、系统地观察分析课程的知识样态，改善知与行。要注重系统、科学地讲授知识，不能为了"思政要素"而断章取义，模糊甚至擅改对事实的描述和解释。例如，复旦大学石磊教授多次在研讨会上强调课程育人需要有完整的知识体系。他指出："建立这样的知识体系非常不易。挤出几滴心灵鸡汤不难，难的是如何根据课程性质和可能，将专业知识与育人元素逻辑合理地融汇成完整的育人知识体系。因此我们需要认真研究课程，还要做必要的设计，力求润物无声。"

第三章

高校课程思政模式构建路径

第一节　高校课程思政建设的途径

一、高校课程思政建设途径

（一）开发各学科课程的思政资源

1. 修订各学科课程标准

现有的高校各学科课程标准中，单元教学目标包含知识目标和能力目标，修订后的课程标准在单元教学目标部分增设"德育素质目标"，同时修改对应的教学内容，以作为新目标的支撑。课程标准的修订可让思政课教师协助参与，以确保"课程思政"的方向性。思政课教师参与多学科、各行业的课程设计，会丰富传统思政课的教学素材，进而促进思政课与行业、社会结合得更紧密。课程标准的修订，应依据各学科课程的实际，"德育素质目标"在可增加的部分增加，防止生拉硬扯而弄巧成拙。

2. 开发各学科课程思政教学资源

这是"课程思政"建设的主体内容。各学科教师要结合自己专业的特点、相关行业的实际、学生职业要求来发现其中的"思政"要素，用故事、案例或研讨的形式嵌入教案和教学中。此项工作涉及面广，工作量大，应循序渐进，不宜仓促完成。高校的思政资源开发要做到"充分利用其他各门专业课的育人资源，充分利用各门教师的主体力量，加强课程思政的课程设计，在教学目标的制定过程中注重'术道结合'，深度拓展教学内容"。

（二）改革传统思想政治理论课

"课程思政"不只是包含非思政课程的改革，更是思政课本身及其从业者观念的转变。首先，课程教学应符合学生特点，话语体系要变革，用学生喜闻乐见的语言来表达思政内容，增加思政课的亲和力，避免道德说教和理论灌输。例如，可以通过"讲故事"的方式来渗透思政观点，在思政课上引用相关故事，"把理论融入故事，用故事讲清道理，以道理赢得认同，以悟道取代灌输"。其次，呈现形式要创新，教学内容要开放，实现兼容并包，相互借鉴，互相优化对方的课程质量，达到共振共赢的效应，实现"1+1>2"的效果。思政课程可引入其他课程的素材，防止思政课空洞浮泛。高校还可以依据学院和地区特色思政资源，从地方人才实际需求出发，充分发挥办学优势，整合资源，完善思政教育机制。

（三）确立制度与考核

没有制度的保障和考核评价的鞭策，"课程思政"可能会沦为口号式的高校教改运动，逐渐被人们所抛弃。首先，高校要建立"课程思政"领导机制，由教务部门牵头，思政教学部门协助进行全校各专业课程标准的修订。其次，课程评价和教学评价要体现"课程思政"。学校教学质量监控部门在评价专业建设和教师教学时，应列出"课程思政"考核指标，并占适当评价权重，促使各专业教师将"课程思政"落到实处。最后，各学科教师思想观念要融合。加强"课程思政"教师队伍建设，非思政教师也要学习思想政治，坚持教书和育人相统一，思考所教课程的"思政视角"，挖掘课程的思想政治教育资源，贯彻"立德树人"这一教育的根本任务。思政教师应主动到各学科的教学一线，特别是实训场所和企业实习场所，观察体验不同行业的职业要求、社会价值，寻找其与思想政治教育的衔接点。高校可以让思政教师定期进入企业锻炼并制度化，我们可以称之为思政教师的"企业实践锻炼"。

（四）明确思想政治工作目标体系

新时代背景下各高校都十分重视思想政治工作，在长期的办学实践中探索形成了符合自身特点的工作优势和特色。在课程思政建设中以立德树人的高度责任感完善育人体制机制建设，借助学校内部质量教学改革与诊断建设项目，实施育人教学诊断工程；借助"智慧校园"建设，加强意识形态的管控、校园宣传引导教育，营造积极向上的特色校园文化；加强全体教师的师德师风考核，促进为人师表的引领示范作用；强化班风学风校风建设、诚信教育等，全方位服务于学生的成长，为实现"两个百年"目标培养优秀的建设者。

（五）协调推进"课程思政"建设

出台加强和改进新形势下思想政治工作实施意见，实施教师思想政治素质提升、大学生思想政治教育推进和基层党组织建设"三大工程"，将"课程思政"纳入学校"大思政"工作格局，统筹规划，协调推进。通过课程思政师资队伍建设扩大思政教育队伍，动员专业课教师参与课程思政建设，拓展思政教育的载体，积极挖掘专业课程中的思政元素的教育资源，并恰当地融入专业课堂和实训环节以丰富思政教育的内容和方法，构建全员全课程全时空的协同育人体系，培养优秀的职业人。采用自上而下的设计理念，推动学校层面的"三全"育人思政教育理念的转变，健全思政课程建设的体制机制；思政教师与各教学系跨界集体备课，积极挖掘专业课和实训课程里思政元素的教育资源，在专业课堂/实训环节中融入思政教育；依托专业/行业，立足于优秀职业人的培养，从专业课程中的职业道德、职业精神、专业发展史和英雄人物等思政资源中挖掘思政教育的内容，创新思政教育的方法，打造全员全课程全过程参与的育人模式，提高思政教育的实效。

（六）强化"课程思政"特色专业群建设

注重建设专业群和优质特色专业，创新专业人才培养模式，深化创新创业教育改革，建设"实训、竞赛和创新"综合平台。

1. 紧贴行业和地方产业需求

以行业"十三五"发展规划中对基层人才的需求，进一步优化人才专业结构；对接产业转型升级发展和服务地方建设的需求，推动特色专业群的建设；以特色专业群建设为重点，打造与行业契合度高的优质专业点，精准对接行业的发展。

2. 创新专业人才培养模式

推进现代学徒制、混合所有制等校企深度融合育人的探索，校企共建基地和技术协同创新中心，校企共育创新性技能型人才。创新专业人才培养模式，构建通识课平台、"专业+创新"（行业、工匠精神）平台课程体系，将思想政治、行业精神、工匠精神和特色文化素养融入专业人才培养中。

3. 构建适应产业需求的专业教学体系

根据新时代产业发展的新变化，及时把行业企业层出不穷、不断更新发展的技术知识、标准设备和工艺成果与国际通用的职业资格标准融会贯通到专业课的教学内容中，推进以慕课为核心的混合式教学改革，改革教学方法和手段，推进专业课堂与技能竞赛、技术创新等有机融合，打造精品在线开放课程。

4.强化创新创业教育

以"互联网+"模式为基础，以专业为驱动强化创新创业教育，改革专业课程体系，将创新理念、方法和工具等融入专业课程，把专业实训基地建设成为"实训、竞赛、创新"一体化综合平台，培育众创空间，利用各种资源扩建大学生创业园，开展多层次、多模式创新实践活动。

（七）突出课程教学内容的"思政"功能

把独具行业精神的"献身、求实、负责"和"诚信、责任、创新、奉献"与主流核心价值观等无缝地融入专业建设之中，把价值引领贯穿到专业课、实践课及其教育活动中，形成课程教学"大思政"的新格局。要求每门课程依照教学大纲，充分挖掘蕴含在相关知识中的教育因素，课堂教学中更多地引入时代的、社会的正能量，发挥"思政"课程的德育功能，合力帮助广大学生牢固树立正确的人生观、世界观和价值观，将思想政治工作贯穿于课堂教学的各个环节，正如习近平总书记所倡导的，让各门课程都能"守好渠、种好田"，各类课程与思想政治理论课同向同行，互相之间"形成协同效应"，把专业课的知识目标和技能目标与个人理想与社会担当有机地结合起来，让公共课、专业课和实践训练课承载正确的职业观、成才观教育。

（八）打造特色校园文化

深化"课程思政"改革，加强与企业文化融合，培育融合行业特质的文化教育体系。一是打造互联网+校园文化模式，依托互联网开通的微信公众订阅号等新媒体手段，发挥"易班"平台作用，培育优秀网络文化；二是顺应"互联网+"国家发展战略，推动现代信息技术与教育教学深度融合的精品在线开放课程建设，多渠道推进校园文化建设；三是突出品牌打造特色，塑造校园育人环境，着重打造职业素养养成教育，彰显校本特色，通过标识物在学校校园内所有的建筑物，包括办公楼、教学楼、实训场地、学生宿舍和校园道路等，营造特色校园文化的育人环境，实现全过程育人；四是讲好学校故事，通过邀请知名校友回校举办"职业榜样"和"杰出校友"专题报告会等，帮助大学生培养职业能力、塑造职业精神，进一步了解企业文化，通过全校性的评选活动，树立典型、表彰先进，形成比学赶帮的良好氛围；五是丰富校园文化建设内涵，充分利用各校的区位优势建立大学生实践基地，把区位的企业文化、社区文化引进校园，邀请企业家进校宣讲、开设人文选修课程，培育具有学校特色与社区、企业等区域文化体系，努力培育更多符合制造强国标准要求的现代化人才。

近年来，全国高校依托区位优势、办学特色，全方位、多渠道探究"课程思政"建设路径，注重专业课程融入思想政治教育，形成了各具特色的"课程思政"品牌，取得了显著的成效，达到预期目标。为新时代专业教育发挥"课程思政"应有的功效、共同培育民族复兴伟大事业的建设者和接班人提供了无缝对接的平台。

二、高校课程思政建设的教学考评方式

（一）高校课程思政建设评价机制指标的创新

当下高校课程思政建设的教学考评方式，必须以宽广的眼界和动态的视角，借鉴国外教育评估的现实经验和先进做法，遵循当代大学生的成长规律，改进方式方法，完善机制体制，从而推进高校思政课程建设评价的科学化发展。

1. 教育过程的协调性

教育过程的协调性即课程思政建设过程中的各因素之间相互配合、协同一致，使课程思政建设过程呈现出和谐的状态。

课程思政建设过程是非常复杂的，包含许多要素。从教育实施看，包括教育内容、教育方式和方法、教育载体、教育手段、教育环境等；从受教育者思想品德的形成看，包括认知、情感、信念、意志、行为等。把教育实施和受教育者思想品德形成结合起来看，教育过程还可分为内化阶段和外化阶段。课程思政建设要和谐从而获得良好的教育效果，上述各要素之间必须协调，即相互配合、协同一致，这样才能使课程思政建设活动产生更大的效能。否则，彼此矛盾、相互掣肘，教育过程中障碍、破绽、漏洞不断，一则教育难以顺利进行；二则教育效果将大受影响。"德育自身诸要素的和谐是德育效益最大化的前提"。所以，评价课程思政建设的一个重要指标，就是教育过程的协调性，或者说，教育过程的协调性是课程思政建设的突出表现。把握和评价好课程思政建设过程的协调性要注意以下几点。

（1）看具体施教过程的协调性。课程思政建设过程协调性的一个重要表现是具体施教过程的协调性。因为不论是前面谈的要素之间的协调，还是对要素的调节控制，都要落脚于施教过程的协调，或者目的是实现施教过程的协调，否则，前两者的协调就变得没有意义了。具体施教过程的协调表现在多个方面，如教育内容的协调性，教育内容与教育方法和教育手段之间的协调性，教育内容、教育方法和教育手段与教育环境的协调性，教育者

与受教育者以及受教育者之间活动的协调性，施教活动各环节的协调性，教育目标之间的协调性，等等。把握和评价具体的施教过程的协调性，评价者除了听被评价者的汇报和查验书面材料外，更为重要的是参与被评价者的具体教育活动过程，体验、感受具体教育活动过程。因为"参与""体验""感受"才是最直接的，才是最有说服力的。

（2）看各要素之间的协调性。过程的协调性是由过程中各要素间的协调性决定的。所以，把握和评价好课程思政建设过程的协调性，首先就看课程思政建设过程中各要素之间的协调性。课程思政建设过程中的要素众多，看各要素之间的协调性，主要应看到教育内容、教育方法、教育环境与受教育者以及相互之间的协调性。因为，教育内容、教育方法作为教育过程中的介体，教育环境作为教育过程中的客观条件，对受教育者作用、影响最大，它们决定着受教育者接受教育的程度与状态。当然，其他要素之间的协调性也要看到，如教育载体、教育手段与受教育者之间，教育载体、教育手段与教育内容、教育方法、教育环境之间等。

（3）看对各要素的调节控制。教育是一种自觉的可控影响，它可以对各种环境影响做出选择和调节，可以利用环境中的有利因素，协调各种自觉影响，也可以有意识地抵制环境中的消极影响，甚至能转移环境影响的某些因素，使其纳入教育的正常轨道，从而创设一种良好的教育条件和情境。课程思政建设过程中的各要素都是变动的，特别是受教育者、教育环境要素变动性更为突出。因此，课程思政建设过程的协调性有赖于对课程思政建设的要素进行调节、控制，以使各要素之间保持协调。特别是在我国社会转型时期，社会处于急剧变化之中，种种社会现象、价值观念对人们的影响异常强烈，人们多方面的观念也出现了很大变化，就更需要重视对教育要素的调节、控制。教育者能积极主动地对教育要素实施调节、控制，教育过程的协调性就容易些，否则，教育过程就很有可能矛盾、冲突多发，教育成效低下。对教育要素的调节控制是实现教育过程协调的手段和保障，体现着教育者的协调意识，反映着教育者的协调能力，是从动态角度对教育过程协调性地把握和评价。

2. 教育内容的适切性

所谓教育内容的适切性即教育内容适应、切合教育对象和社会的发展需要与现实状况。

教育内容的适切性是课程思政建设评价的首要指标。这是因为教育内容对教育对象适应、切合，教育对象才有可能积极接受和便于接受，从而才可能有好的教育成效。否则，教育对象就会不感兴趣，不愿接受。现实课程思政建设中，不是根据教育对象的需要和情况安排的教育内容比比皆是，这正是课程思政建设没有吸引力、成效不佳的主要原因。教育内容适应、切合教育对象的发展需要和现实状况的评价指标，是课程思政建设的本质和课程思政建设以人为本基本原则的要求。

教育内容的适切性的另一要求是教育内容对社会发展的需要和现实状况的适应、切合。"课程思政建设内容的建构……依据阶级社会对其成员的根本要求、时代条件发展变化的客观要求、课程思政建设内容的继承借鉴和结构要求，形成课程思政建设内容体系"。课程思政建设毕竟是以社会的要求来教育人，目的是实现人的社会化，让受教育者成为适应和推进社会持续发展的人。所以，教育内容的适切性不能仅谈适应、切合受教育者。但是，在受教育者和社会两者中，适应、切合受教育者必须摆在第一位。因为，不适应、切合受教育者的教育其效率、效益都不会高，甚至是负效益。如是，无论多么适应、切合社会的教育都将没有了意义。因此，较长时期以来我们以社会为本位的课程思政建设必须进行适度的调整。把握和运用好教育内容的适切性指标，要注意以下几点。

（1）把握现实社会要求。教育内容的适切性，包括适切现实社会的要求。所以，在评价教育内容的适切性时，评价者要把握现实社会的要求。现实社会对不同的群体有不同的要求，评价者必须清楚现实社会对所评价教育对象的要求，并将这些要求与施教内容相比照，从而做出"适切"程度或等级的评价。在这里，把握好现实社会对不同群体的要求是做出正确评价的关键。现实评价中，并非所有的评价者都清楚现实社会对自己评价的教育对象的要求，所以，评价的针对性、准确性往往存在问题。

（2）了解施教具体环境。具体来说，教育内容的适切性还应包括适应、切合施教的具体环境。所谓施教的具体环境，包括施教单位面临的主要职责（工作或学习任务）、思想政治状况、课程思政建设的条件等。不同的施教单位有不同的职责、思想政治状况、课程思政建设条件等，这些因素对课程思政建设的内容都有影响或决定作用。课程思政建设不能脱离具体的施教环境而确定教育内容，恰恰相反，应根据具体的施教环境选择、安排教育内容。否则，教育内容的适切性不强。因此，运用好教育内容适切性指标，评价者还需要认真了解被评价对象的施教环境。

（3）熟知教育对象情况。教育内容的适切性，首先指适合教育对象的需要与特点。所以，在评价教育内容适切性时，首先要看的就是这一点。正因为这样，评价者要熟知教育对象。这里的"熟知"包括许多内容，如教育对象的思想品德状况及发展需要、教育对象的知识和阅历、教育对象面临的环境等。

（4）倾听教育双方意见。真正掌握好教育内容的适切状况，除了了解、把握上述客观情况外，还需要倾听教育双方的意见。教育者和受教育者是课程思政建设活动的主体，教育内容是否具有适切性或适切程度如何，教育主体具有重要的发言权。教育内容适切性高，受教育者就喜欢，就乐意接受，受教育效果就好；否则，受教育者对教育就没有兴趣，不愿接受，教育效果就差。同时，教育者选定教育内容也必有其理由，倾听教育者的意见，了解其理由的适切性，便于评价者做出正确的判断。

3. 教育效果的知行统一性

教育效果的知行统一性即课程思政建设从效果上看，既能让受教育者掌握一定的思想政治道德理论规范，又能让受教育者将掌握的思想政治道德理论规范指导或转化为行为，实现认知与行为特别是行动的一致性。

人的思想政治道德从本质上讲是关乎行为或者是行动的问题。因为，人的行为特别是行动才会产生有利于还是有损于他人或社会的后果，人们主要是依据行为特别是行动去评判一个人的思想政治道德面貌的。"判断一个人思想品德是否高尚，既要听其言，更要观其行。一个人的行为表现往往综合地反映了其思想品德的面貌……课程思政建设总是要求人们表里如一、言行一致，引导人们践行社会要求的思想品德规范。如果只停留在社会要求上，而不注重人们的行为表现，课程思政建设就不能真正发挥其育人作用"。所以，在课程思政建设上，教育者应注重知行统一，特别注意引导受教育者将已有的思想政治道德认知转化为行为，落实到行动上。

在现实的课程思政建设中，往往是仅注意思想政治理论的灌输，对教育效果的评价往往是仅有书面的纸笔测试，以纸笔测试成绩的高低，确认一个人思想政治道德水平的优劣。这样的教育和评价是不妥的，这也是导致课程思政建设效果欠佳的重要原因。在课程思政建设评价中必须突出知行统一将知与行的统一性作为课程思政建设重要的评价指标。把握和评价好教育效果的知行统一要注意以下几点。

（1）既注重认知，更注重行为。人的思想品德的形成，以知为基础，以行为归宿，良好的行为是课程思政建设的最终目标。所以，把握和评价课程思政建设效果，既要注重受教育者对思想政治道德理论知识的掌握，又要注重受教育者的行为特别是行动，把两者统一起来。不可仅看一点，特别是不可仅看认知。否则，就不是课程思政建设的评价。

（2）注重被评价者的本职工作状况。人的思想政治品德的高低会从多方面表现出来，但行为是主要的，而在行为中，更为重要的是自己本职工作或者自己分内之事完成的状况。因为本职工作或者分内之事是自己的本业，是自己与他人、与社会交往的基本职责。只有将自己的本职工作或分内之事做好了，才承担了自己的基本责任，才尽到了自己与他人、与社会交往的基本义务，才表现出了自己基本的，也是应有的思想道德素养，否则，思想政治道德素养就难以合格。因此，把握和评价课程思政建设效果的知行统一性，要注重被评价者的本职工作状况。

（3）注重被评价者已获取的成绩、荣誉。知行统一，不是虚拟的，而是真实的、可见的客观存在。所以，在把握和评价课程思政建设效果知行统一时，要注重被评价者已获取的成绩、荣誉。这些已获取的成绩、荣誉是知行统一的最好见证。

（4）注重被评价者的"口碑"。由于种种原因，有的人的良好的思想道德行为获得了荣誉，而有的人的良好的思想道德行为没能获得荣誉。在现实社会中有的荣誉也并不"荣誉"。但是不容置疑的荣誉是有的，那就是口碑。评价者要深入到群众之中，收集口碑，注重口碑。我们认为，在评价权重中，口碑重于可见的荣誉。

（二）高校课程思政建设评价机制方法的创新

创新高校课程思政建设的评价机制，重视评价体系的改革创新尤为重要。通过改革和创新评价体系，有利于为高校评价项目和过程提供改进的方案和评价的结果。

所有有关课程思政建设工作评价的数据都要来自实地调查。数据一般应通过上级检查、专家评议、民主测验、抽样调查等多种方式获得。为了减少主观因素的影响，应由上级部门、专家小组、教育工作者、群众等方面分头填写评价表，进行分别统计评价，然后把各方面的评价值采用加权统计的方法进行整理，取得综合评价意见。

（三）高校课程思政建设评价模式的创新

评价模式既反映着课程思政建设的形态特征，又反作用于特定形态的课程思政建设，还给评价提供便于操作的样式。我们认为，课程思政建设的评价模式主要有质与量相结合的模式、自评与他评相结合的模式两种。

1. 质与量相结合的评价模式

所谓质与量相结合的评价模式即将定性评价与定量评价相结合的模式。也就是，在课程思政建设评价中，既要对评价对象进行"整体和性质的分析综合，以鉴别和判定课程思政建设实践效果性质"，又要对评价对象"运用数据的形式，通过对评价对象表现出来的一些数量的关系的整理分析，从数量上相对精准地把握课程思政建设实践效果状况"的评价模式。

（1）质与量相结合评价模式的优势。课程思政建设评价主张采用质与量相结合模式的主要理由有以下几点。

1）事物都是质与量的统一。唯物辩证法认为，事物都包含一定的质，也都有一定的量，是质与量的统一。因此，课程思政建设评价，既看其质，又看其量，这样才符合事物的发展规律，才能使评价客观、准确、和谐。

2）量的评价必须以质为前提。"数学、统计学和计算机科学的发展，为课程思政建设量化评价奠定了基础"，量化评价在现实中逐渐被采用。但是，"离开定性的定量评价，毫无疑义……定性是定量的前提和结果"。

3）仅有质的评价难以精确。质的评价是我们传统的评价方式。这种方式"容易过多地依靠经验和印象，导致主观随意性"，即仅有质的评价是难以进行精确的评价的，因此是不科学、不和谐的。

4）质与量结合的评价才准确。质是不同事物相互区别的规定性；量是保持事物性质的规定性。质量评价以便区分优劣，认识其性质；量的评价以便区分优劣的程度，对同性质的对象做出准确的鉴别。可见，质与量结合的评价才准确，才和谐。

（2）质与量相结合评价模式的程序。一般来说，质与量相结合评价模式的操作程序如下。

1）看、听、问—形成初步印象—有了初级的质。对课程思政建设对象的评价，不论是对个体的评价抑或群体的评价，一般来说，评价者首先通过看、听、问等活动，看评价对象的面貌、状态；听评价对象汇报；问评价对象的教育安排、效果等。通过这样的看、听、问，评价者对评价对象会形成初步的印象，即好，或者比较好，或者不够好，或者比较差，或者很差，以及类似程度的初级质的判断。

2）查、调、访—深入了解分析—获取足够的量。在有了初级的质的判断后，评价工作进入了重要的阶段——深入了解分析。一般来说，深入了解分析主要是通过查阅资料、调查、访问的方式进行的。查阅资料即查阅评价对象提供的反映本次评价情况的文本资料；调查即对文本材料、"看、听、问"阶段了解的情况等加以查证、核实；访问即深入受教育者之中，了解、掌握更具体的情况。通过这样的查、调、访，获取足够的量。

3）依据量研究质—质与量相结合。在有了初级的质，获取了足够的量以后，依据量分析、研究质，起初的质的判断是否妥当；对质做出更为精确的判断。依据量研究的质，即质与量的结合，才是更客观、真实的评价。

（3）质与量相结合评价模式的基本要求。课程思政建设运用好质与量相结合评价模式的基本要求有以下几个方面。

1）质的判断必须以量为基础。在质与量相结合的评价模式中，初级的质的判断，可能没有充分的量的支撑，但是，这时的质的判断，也是以通过"看、听、问"获取的一定的量为基础的，否则，质的判断就是无据的。在获取了足够的量以后进行的质与量相结合的评价时，质的判断不论对一定质的程度的判断抑或不同质的判断，都必须以量为基础，否则，对质的断定就难以客观、准确，就难以服人。

2）量的分析要充分。在质与量相结合的评价模式中，量也是重要的，它规定着质，或者精确质，或者确定质。所以，进行量的分析时，要脚踏实地，认认真真，要了解足够的量、真实的量，对量的分析、研究要充分、要精细，防止形式主义、走马观花。

3）质的判断要谨慎。起初的质的判断对整个评价起着基础的、导向的作用；最后的质的判断是对评价对象的质的判定。不论前者还是后者在评价中都是至关重要的。因此，在进行质的判断时要谨慎，尽力使判断客观、准确。否则，不仅评价失真，对评价对象还会造成很大的不利。如若这样，评价就是消极的了。

4）量的分析必须以质为前导在质与量相结合的评价模式中，虽然量的分析是重要的和必要的，但是对于量的分析必须以质为前提和指导，即必须看清是什么质上的量。否则，离开定性评价的定量评价，毫无现实意义。

2. 自评与他评相结合的评价模式

所谓自评与他评相结合的评价模式即将被评价对象自己评价与其他评价主体的评价结合起来进行的评价模式。具体说就是，被评价的教育者或受教育者（现实评价中，较多的是评价受教育者，因为受教育者的情况，特别是受教育者的表现，是课程思政建设效果的直接呈现，即便是对教育者的评价，也主要通过评价受教育者的情况来进行）对自己进行评价，另外的其他评价主体——或者教育者，或者领导，或者专家，或者相关人员对评价对象进行评价，并将两个方面抑或多个方面的评价相结合，得出最终判断的评价模式。

（1）自评与他评相结合评价模式的优势。课程思政建设之所以倡导自评与他评相结合的评价模式，主要有以下几方面的理由。

1）自评与他评相结合的评价有利于激发、调动被评价对象的积极性。正因为被评价对象了解课程思政建设的情况，而既往的课程思政建设评价没有或者很少让被评价对象参加，致使评价难以准确并且难以被评价对象积极接受。所以，运用自评与他评相结合的评价模式，让被评价对象参与到评价过程中去，有利于激发、调动被评价对象的积极性，使他们易于接受评价结果，从而使他们积极地投入到持续的课程思政建设过程中去。

2）自评与他评相结合评价才客观、准确。评价是为了掌握课程思政建设的情况和促进教育活动深入地开展。被评价对象是课程思政建设的主体、亲历者，对教育的过程及其效果明确。所以，被评价对象要自评。但是，现在有些人喜欢自夸或者夸大其词，甚至弄虚作假，再加上，人们看自己时往往看到的优点多，缺点少，而看他人则相反。因此，不能仅有自评，还需要有他评。他评可以保证评价的客观性。这样，自评与他评相结合，评价才会客观、准确。

3）自评与他评相结合是对既往课程思政建设评价的改革和创新。在当代社会，我们倡导以人为本，人们的自主意识、民主意识、参与意识普遍增强，仅有他评，把被评价对象看作机械的客体，这样的评价是很难让被评价对象接受的。所以，课程思政建设提出自评与他评相结合的评价模式，以改革既往的、不合理的评价模式。

4）自评与他评相结合评价才和谐。虽然被评价对象最清楚课程思政建设的情况，但是，较长时期以来，在现实的评价中，被评价对象难以参与评价。这往往导致评价仅关注那些显性的东西，甚至形式，对教育过程、对受教育者思想认识的提高、心理的变化等难以顾及，而这些却是课程思政建设中的重要方面。正因为这样，对于评价给出的判断，被评价对象往往有意见，甚至影响了课程思政建设的持续进行。所以，坚持自评与他评相结合的评价模式，评价才会和谐。

（2）自评与他评相结合评价模式的基本程序。自评与他评相结合评价模式的基本程序如下。

1）被评价对象自评。无论是对教育者的评价还是对受教育者的评价，无论是对个体的评价还是群体的评价，被评价对象自评，即让被评价对象对自己的课程思政建设工作（对教育者而言）或接受课程思政建设的过程与效果（对受教育者而言）做出评价。被评价对象的自评，可以采用定性评价———一般是定等级；也可以运用一定的量的表达——定分数。不管运用哪种方式，都必须有依据，即对判断的足够的支撑，以防止自评的虚假。

2）其他评价主体评。其他评价主体的个数难以确定，有可能就是一个主体，有可能是多个主体，如教育者（对被教育者的评价）、受教育者（对教育者的评价）、领导者、专家学者、课程思政建设的职能部门、知情者（或同事，或同学，或家长，或朋友，或与被评价对象有较多交往者，等等）。参与评价的其他主体越多，评价的结果就越客观、准确。其他主体的评价，一般是定性与定量相结合的评价。参与评价的主体必须本着对被评价对象、对社会负责任的原则，认认真真地进行评价，不可草率从事，搞形式主义，搞弄虚作假。

3）自评与他评相结合。在自评与他评的基础上，将自评与他评相结合，即将两个评价结果进行整合。所谓整合不是将两个结果简单相加或按一定的权重计算出最后的结果，而是要认真地对比、分析、研究各评价的客观、合理之处，对各评价结果进行"去粗取精，去伪存真"，然后由各评价主体的代表协商出最终的评价结果。

（3）自评与他评相结合评价模式的基本要求。

1）鼓励被评价对象如实自评。较长时期以来，在课程思政建设评价中，自评未被重视，或者未被采用，原因是多方面的，如教育观念问题（没有把评价对象当作主体以及社会理念问题、没有以人为本理念等）。但是，更为主要的原因可能还是不相信被评价对象。现实社会条件下，弄虚作假者有之，自评很可能有一定的"水分"。因此，在采用自评与他评相结合的评价模式时，评价领导者、组织者要对评价对象加以动员、引导、指导，让他们有务实的态度和作风，要告知他们除了自评还有他评，虚假迟早会暴露，弄虚作假者最终要吃亏。

2）各评价主体独立进行评价。为保证各主体评价的真实、准确，在采用自评与他评相结合的评价模式时，各评价主体要独立进行评价，自主地表达自己的意见，否则，就等于没有了多个评价主体，还是一个主体主宰评价。

3）其他主体评价要客观、公正。评价中的客观、公正非常重要，否则，就违背了评价的初衷——总结经验教训，推进课程思政建设持续、深入开展。其他评价主体的客观、公正，首先取决于态度的客观、公正，其次取决于工作的认真、扎实，特别是那些平时与被评价对象接触较少、了解较少的评价主体，要保证评价的客观、公正，必须深入到被评价对象的日常教育、工作、生活中做细致的观察、了解、调研核实。否则，难以保证评价的客观、公正。

4）对评价结果的整合要科学。由于种种原因，比如对评价对象的了解程度，评价者先入为主地成见和评价中的态度，评价者的水平，评价中工作的认真程度等，各评价主体的判断肯定是有差别的。对于各个主体的评价如何赋以权重、整合，这是个复杂的问题，需要认真研究。一般来说，谁更知情，谁更懂得评价，谁获取的证据更有力，在赋以权重时谁的意见就更为重要些。在整合中，要充分发扬民主，各评价主体平等地表达自己的意见、阐述自己的理由，通过民主协商得出最终的评价结果。

第二节　高校课程思政模式探索

一、课程思政建设面临的现实语境

课程思政建设伴随着国务院、教育部等连续下发、密集出台的若干重磅政策，成为一股势不可挡的教育改革浪潮。课程思政"热"之余，更需"冷"思考。

各省市、各高校积极落实中央精神，组织各级各类培训学习，举办多种多样评优评先，课程思政改革步伐明显加快，项目建设如火如荼。但存在以下问题。

其一，场域设计过于狭小，技不入道。当前针对课程思政建设，多从课程谈课程，忽略了课程乃专业树人的载体、修身铸魂的通道、培元育才的方法、美人化人的路径。失去行业领域、专业背景、特定问题意识的课程思政建设，如同缘木求鱼。没有跨学科、跨专业、跨领域深度交叉融合的课程思政建设，无异于味同嚼蜡。课程思政究竟从何而来、去往何方，旨归旨趣，均需建立在更为宏大的背景下言说勾勒。课程思政建设绝非孤岛，若止步于"技"层面，钻研单一课程中思政元素的嵌入结合，尚不足以回应中央对培育时代新人、创造光耀时代文化的课程思政建设所赋予的厚望。

其二，主体考量，单向独唱，寡不敌众。当下言说课程思政主体，多着力专业教师与思政教师的协同，忽略了对课程思政对象当代大学生群体的洞察。沉潜学生群体，勾画受众画像，身临其境地面对他们每日每夜的日常琐碎，感同身受他们所遭遇的复杂激烈的思想碰撞，便知单一课程不足以消解不良的社会思潮，抵抗真实生活的暗流涌动。置身于消费社会，他们面临身份认同危机；身处"后真相"时代，"没有事实、只有诠释的认知主义倾向"下，他们面对是非对错选择困惑；面对高额的房价、蜗居蚁族在丰满的理想与骨感的现实巨大的落差之下，他们需时时刻刻守护初心；遭遇审丑时代、眼球经济裹挟，他们需拨乱反正、破浪前进。

课程思政建设如何培养知中国、爱中国、堪当民族复兴大任的时代新人，打造有情、有义、有爱的文科课堂，为时代立心，唯有将课程思政放置于新文科背景下，审视其价值主张，设置更为辽阔的场域，纳入更为广泛的育人主体，确定其路径选择，方是破局之道。

二、新文科对课程思政建设的启发

"新文科"概念是在2018年12月教育部经济和管理类教指委主任委员联席会议暨工商管理类专业教指委第一次全体会议上提出的。该次会议将主题确立为"新时代、新文科、新经管"。新文科作为背景，在视野、宗旨、路径三个层面，对课程思政建设提供了具有根本性、全局性、建设性的启示。

一是立视野，新文科宣言为课程思政建设提供更为宏观的视角。新文科宣言是在十九届五中全会精神指引下，针对占有半壁江山的1240所文科高校、877.9万文科生制定的战略部署，站位高，立意深，为课程思政建设提供宏观视角。立足世界视角，提到了当前面临百年未有之大变局，国家面临的如治理赤字、信任赤字、和平赤字等挑战，世界面临陷入分裂甚至对抗的风险。立足中国视角，提到了建成社会主义现代化强国目标。由此提出"十四五"期间以改革创新为根本动力，建设高质量教育体系新要求，2035年完成教育强国的目标。课程思政建设应自觉以此为视域，路线方针、行动计划均需纳入该体系，助力该体系，服务该体系。

二是明宗旨，新文科宣言为课程思政建设提供更为丰厚的内涵。新文科宣言提出总体目标是"推动文科教育创新发展，构建以育人、育才为中心的哲学社会科学发展新格局，建立健全学生、学术、学科一体的综合发展体系，推动形成哲学社会科学中国学派，创造光耀时代、光耀世界的中华文化，不断增强自信心、自豪感、自主性，提升影响力、感召力、塑造力。"按照吴岩司长讲话精神，通过文科教育创新发展"培养知中国、爱中国、堪当民族复兴大任的新时代文科人才"。新文科丰富了《高等学校课程思政建设指导纲要》中落实立德树人根本任务的内涵。

三是新路径，新文科宣言为课程思政建设提供更为明确的路径。新文科宣言提出将课程提质作为三大重要抓手之一。"将中国特色社会主义建设的最新理论成果和实践经验引入课堂、写入教材，转化为优质教学资源。"此举措破解了课程思政"教什么""如何教"的重大问题。"开设跨学科、跨专业新兴交叉课程、实践教学课程，培养学生的跨领域知识融通能力和实践能力。"破解了课程思政"谁来教"的重大问题。

三、构建"三育三全"文科类专业课程思政模式

新文科背景下，广东轻工职业技术学院构建"三育三全"高职文科类专业课程思政模式，以三育融合提质、三全育人增效，打造文科金课化解当前课程思政建设最迫切需要解决单一课程、单一主体、单一视域、单一场景的问题，解决课程思政与思政课程"两张皮"的现象，切实将立德树人落实、落细、落小。

"三育"指三育融合，德育、智育、美育融通，以价值引导落实立德树人，以技能传授实现立技育人，以审美熏陶达成以美化人，增强课程思政输出力，树立课程思政硬形象。

"三全"指全员、全程、全方位育人，构建"线上自学，线下研讨，实践体验"的金课体系，突破育人主体、育人时间、育人空间限制，打造"时时、处处、人人"的育人场域，提高课程思政沟通力，增强课程思政软实力。具体举措如下。

（一）增强课程思政输出力

将课程思政建设放置于新文科背景下谋篇布局，消除德育、智育、美育三育界限，打通课程与专业学科、信息技术、创新创业、1+X等多向通道，多维度赋能课程，对标"金课"高阶性、创新性和挑战度三大标准，将其建设为融合式、无界化金课。开发系列可复制、可借鉴、可推广的教学成果及社会服务，增强课程思政输出力，树立课程思政硬形象。《教育部关于狠抓新时代全国高等学校本科教育工作会议精神落实的通知》（教高函〔2018〕8号）中明确指出，"各高校要全面梳理各门课程的教学内容，淘汰'水课'、打造'金课'"。如何通过课程思政建设淘汰低阶、陈旧、不用心、走过场的"水课"，使课堂教学往深里教、往实里走、往心里去，讲政治、讲党性，不被异化，不走形式，弘扬主旋律，传递正能量，需德育、智育、美育各展所长，协同发力。

1.明确价值引导的迫切性，落实立德树人

课程不是单纯的知识传授或能力培养，而是通过思想引导、价值澄清，提高学生党性修养，培养广大学生解决复杂问题的综合能力和高级思维，否则即使一技在身，仍无法抵抗消费主义的侵蚀、"后真相"时代的蛊惑、现实生活的沉重。

由此强化的价值引导，并非口号标语，而是需找准学生群体内心需求点，摸准情感触发点，以盐溶于水的方式，将价值基因渗透贯穿于课堂内容、形式与结果，形成价值引领体系。务求把党的创新理论讲活，国家战略方针讲透，学生疑难杂症讲通，浸润式注入红色基因，以"四个自信"构筑学生思想防线，坚定其理想信念，切实发挥课程思政引领、宣传、教育作用，引导学生听党话、跟党走。

2.明确技能传授的创新性，实现立技育人

教学内容层面，按照习近平总书记对高校思想政治工作"因事而化、因时而进、因势而新"的要求，内容设计体现与时代的共进性，凸显前沿性，围绕行业热点，瞄准专业焦点，挖掘职业创新元素，发现新问题，提出新命题，激发学生批判思维和创新意识，提高创新能力。

教学形式层面，遵循课程思政共融共促的理念，引入先进的"协同学习"法，凝练学术研究、学科建设、教育教学、社会服务、文化传承中的思政基因和价值范式，以互动互评互鉴，推动入脑入心入行。

学习结果层面，注重学生个体体验和自主创新有机衔接，以产教融合、校企合作为手段，推进探究式、个性化学习成果产出落地，加快复合型成果孵化应用，促成学生从真学真信到真用真做，发挥高校服务社会、传播文化、精准扶贫等多重职能。

3. 明确审美熏陶的重要性，达成以美化人

当前课程思政建设面临的最大挑战不是授课教师知识储备，也非信息技术层面，而是无美学积淀、审美品位、美育支撑的课程不被学生接受认同。审美大众化时代，立足生活、贴近实际、扎根受众、引领风尚的课程，方得人心。

应该说，唯有立足学生群体审美需求，秉持源于生活、高于生活的建设理念，主动适应发展的新形势，以高标准谋划、高效率推进、高质量落实审美熏陶，不断探索、挖掘、赋能审美方法，创新审美形式，提升课程中美的含量，拓展课程中美的深度，集问题导向、需求导向、目标导向于一体，才能达到美在课堂、美在生活，助力学生感受美、欣赏美、创造美，增强课程思政建设吸引力和含金量。

（二）提高课程思政沟通力

三全育人，重在营造能沟通、易植入、有能量的场景，提高课程思政沟通力，增强课程思政软实力。全员即教学主体不同学科背景、校企教师混编，党政工团学互动，人人皆为育人者；全程即课前课后，第一、二、三课堂联通，时时皆为育人季；全方位即环境育人，构建全场域学习空间，处处皆为育人地。

三全育人的场景设计，需实现情感链接，价值赋能，推动习近平新时代中国特色社会主义思想进教材、进课堂、进头脑。在深入洞察学生情感等需求的前提下，创设沉浸式学习场景。在多类型、多功能的场景中，进行多维度、全方位沟通，抚慰情绪，链接情感，为学生面临的学业、生活困惑，提供个性化、订制式的解决方案。积极回应当代大学生年轻群体知识、能力诉求，同时提供更多的审美选择，提高审美品位，提升美好生活的幸福感、获得感。

课程思政改革主阵地以线下课堂教授为主。在信息泛滥、资源超量的智能时代，还需以互联网思维，提高新媒体素养，烘托时代主题，开发线上、线下、实践等多类型课程，构建"线上自学先行，线下研讨为重，实践体验做实"三维度场景体系，实现线上线下互通、理论实践贯通、课内课外融通、学校企业联通，促进课程动能、效能双重变革。

1. 线上自学：依托"学习强国"等搭建课程思政教学资源库

依托"学习强国"等，搭建课程思政教学资源库。根据校情、院情，在微信、QQ学习群中，固定时间，推送以小见大、由浅见深、即理即情的优质教学资源，跨时空、立体式传播，突破时间地域限制，拓展课堂教学空间，提高教学成效。

运用信息化教学手段，互联网、大数据、云计算、增强现实（Augmented Reality，缩

写为AR）、虚拟现实技术（Virtual Reality，缩写为VR）、混合现实技术（Mixed Reality，缩写为MR）、第五代移动通信技术（5th Generation Mobile Communication Technology，缩写为5G）等智能赋能智慧金课。创设相应情境，制作短视频、网络直播、长卷、第五代超文本标记语言（HTML5，缩写为H5）等多形式融媒体产品。如运用对比法，介绍历史时，伴随音乐、旁白、画像等声光电虚拟仿真技术，引入具体年份、具体人物、具体史事，进行五感浸润熏陶，让学生身临其境、感同身受，丰富对历史的认知，从而在学习中思考，在思考中升华，在升华中与党同步伐、共频振，培育新时代应用型、复合型文科人才。

2. 线下教学：引入协同学习法，构建协同创新教学共同体

"协作学习（Collaborative Learning）"兴起于美国20世纪80年代，是一种通过小组或团队形式进行集体学习的策略手段。该教学方法强调对话、辩论、分享等互动研讨形式，契合适配思想活跃的文科学生。

就组织结构而言，线下课程思政改革采用协作学习法，源于该教法符合组织结构属性，便于建立教学共同体，最大限度推动不同学科深度交叉融合，建立跨院系、跨专业、跨行业协作机制。根据多元学科特征，聚合不同学科优势，通过协同学习法，调动不同学科教师业务所长，共同构建思想交流的平台载体，打破个体教师学术孤岛，拆除学科专业壁垒，促成从点到点连线，从线到面跃迁，搭建教师深耕学术的思想场域，建构智慧碰撞与风采展示的互动场所，构筑共享共赢、同向同行的学术共同体。由此打破彼此间二元对立、非此即彼的对立关系，建构各美其美、各有专攻、互鉴互赏、互启互发的对话关系，激发教师创新意识，增强创新能力，加强引领辐射，精准服务文科学生。

就授课内容而言，除了知识技能点之外等，还需融入先进人物和先进事迹、研判国际国内时势政策、党史校史、社会热点、法律法规、世情国情民生民情等。上述思政融入点整合为若干专题，充分利用学术沙龙、工作室等跨专业交流平台。如对"中美贸易战""后疫情世界经济格局""国内国际双循环"的解读，不同领域教师、行业企业专家有不同见解，协作学习引发思想交锋，思维激荡，营造美美与共、开放包容的局面，有效解构单一固化视角，避免单向度强制性灌输。教学共同体在合作分享研讨式教学中，学科视域互为补充，海量信息集聚，单一主题文本延展。通过协作学习、校企联手、师生协力勾画宏大图景，编制高维知识谱系，辨识研判复杂现实。

就教学手段而言，协作学习法基于教师、学生的知识储备和心理特点，摒弃"一言堂"，改变"你讲我听"请专家、上大课、单向式传授的形式，转为多向互动小组分享

式。采用"人人为师、个个都讲"主体主动融入的形式，变"一人讲"为"大家讲"，留出讨论互动时间，创设开放式空间，允许质疑辨析，身边人道身边理，促进教师之间、师生之间、学生之间沟通交流，让思想在碰撞中答疑解惑，在批判中守正创新，在交互中砥砺前进，达到人人参与、人人受教，激发学生内在认同感和主观能动性，实现从被动认知步入主动创新，进而自主实践。

就教学效果而言，协作学习法为主导，不仅能提升课程思政的广度，增加课程思政的厚度，提高课程思政的效度，还可促进教师与学生、教师与教师、学生与学生之间奋发有为、锐意进取，涵养结构优化、要素流动顺畅的组织生态环境，形成团结协作、融合发展的战略节点，构建跨界整合、协同创新共同体，发挥养正气、固根本的示范效应。

3. 实践教学：项目制教学法推进学习成果输出，做实社会服务

与校外实践基地协同组建技术服务创新团队，将实践教学开设进车间、进实习基地、进合作企业，深入生产一线。通过真实项目制教学，以问题为导向，抓住企业核心问题关键环节，将企业重点难点工作项目化。由校内教师与校外导师联合挂帅，真实项目贯穿课程，挂图作战，时间倒排，任务倒逼，带领学生协作共进，攻坚克难，打通理论和实践的鸿沟，实现价值引领与业务攻坚深度融合，快速推进个人知识能力与学习成果转化应用。打造此类实践型课程，不仅让教师切身体会到产业迭代转型、提档升级的前沿趋势，在新发展理念下重新定位个人发展目标，思考历史未来，还可让学生在奉献社会中，了解就业环境，促进高质量育人育心，解决课程思政改革扛大旗、接地气的根本问题。

除此之外，还可利用当地丰富的红色教育基地资源，通过现场教学、体验教学、研讨教学等方式，让广大学生亲耳听到、亲眼看到党的光辉历程，增强对党和国家、学校的认同感和责任感，促进学生实现从"知"到"信"，从"信"到"行"，学思用贯通，知信行统一。

总体而言，机遇叠加、动能升级的新文科建设背景下，课程思政建设需立足机遇与挑战并存的当下，构建"三育三全"高校文科类课程思政模式，构筑文科类课程思政建设四梁八柱，建设一批积极回应时代，源于学生需求，反哺学生，有内涵、有新意、有深度，形式多样、卷入度高的"金课"，摒弃"水课"，助力学生用全球视野、国际格局、党性修养、专业知识准确判断世情、国情、党情，明辨是非，分辨真假，坚定理想信念，使德、智、美三位一体的课程更接地气，更具活力，全员、全程、全方位育人更富生命力，更有可持续发展力。

第三节　互联网思维与课程思政建设

一、互联网思维下协同育人机制理论

互联网思维是云物大智技术层面变革引发对全生态环境重塑重构的思维方式。在此思维导向下，由思政课程教师与课程思政教师混编为育人共同体，线上以社群交互体验架构去中介、场景化、全息化课程思政教学资源库，线下组建协同育人中心，提供协同案例"挖掘—整理—推广"精准化、一站式解决方案，丰富课程思政资源供给，满足不断变化增长的需求侧。"一库一中心"构建"上把方向、中定方案、下保落实"协同育人保障体系，党委把方向、管大局，二级学院党总支与行政定方案、促改革，教师党支部保落实、出成效，旨在破解思政课程与课程思政"两张皮"现象，打通德育智育壁垒，化智为德，打造全域、泛在大思政体系，形成思政课程与课程思政互联互通、共商共建的协同育人机制，发挥"育英才、强科研、精教学、兴文化"功能，彰显国家意志。

基于互联网应用拓展、信息产业第三次信息技术变革、"万物互联（IOE:Internet of Everything）"时代，个体、信息、数据等无一不在普遍联系之中。由此启发，没有无涉价值判断的纯知识。通过学理爬梳，思政课程与课程思政协育人逻辑预设即是旨归相通的德育智育的深度联系。价值澄清学派宣扬价值中立，号称"无道德的道德教育"，放弃对学生的价值塑造，违背教育宗旨，20世纪80年代走向没落。反观国际工程教育模式自2004年正式建立以来，目前已推广至世界五大洲，超过25个国家，81所院校成员。此模式由美国麻省理工学院和瑞典皇家工学院等大学经多年研究而成，简称CDIO模式，由构思（Conceive）、设计（Design）、实现（Implement）、运作（Operate）4个英文单词构成。2011年，美国工程院最高教育奖项"戈登奖"授予了创建该模式的美国工程院院士克劳利（Edward Crawley）教授。2008年CDIO介绍到中国后，被广泛运用于研究型大学、应用型本科、高职各种层次学校的工科、文科、艺科、商科各类学科专业。

CDIO以一体化协同项目着眼于启发心智、健全人格、塑造知识、能力、态度合一，技术过硬兼具社会责任感的卓越工程师，推进工具理性与价值理性平衡、个人与社会和谐。

德智旨归相通，延伸至主体实践，则是要求德育智育教师、教材、教法三大关键要素同质效力、多向流动、深度协同。德育基因植入智育，发挥同向同行效能。通过核心要素无障碍流动、聚合重构，创新德育智育生态环境，赋能德智双育互启互构、互融互用、共轭共振新生态。

（一）价值澄清学派与国际工程教育的启示

任何学科，无论是哲学人文社会科学还是自然科学，其逻辑起点均会涉及价值判断。正如雅斯贝尔斯所言"对终极价值和绝对真理的虔敬是一切教育的本质"。任何一门学科、任何一类学术研究，都有预设的价值立场、道德诉求和政治观念。落实到课程，"每一种课程定义都隐含着作者的一些哲学假设和价值取向，隐含着某种意识形态以及对教育的某种信仰。"但凡课程均需回应两类问题，一类关乎事实判断，回答"是什么""怎么样"；一类关乎价值判断，回答"为什么""该怎样"。万象归一，殊途同归，学理推演思政课程与课程思政不存在价值疏离、场域分离、观点抵牾，呈现同向同行，学科互构，观念互启，方法互用，精神互融，良性共生、共轭、共振运行态势，发挥"共效应"。

20世纪60年代中期盛行的价值澄清学派宣扬"无道德的道德教育"，持守价值中立，放弃对学生的价值形塑。

一方面，违背教育初衷。"面对社会变化所带来的矛盾和冲突，教育者应以知识分子的责任感维护在市场原教旨主义冲击下日益萎缩的社会价值观和公民道德。"德育理应成为引导个体成为应然自我的不二途径。"道德，作为人类的一种精神活动，它是对可能世界的一种把握。道德所反映的不是实是而是应是，它不是人们现实行为的写照，而是把这种现实行为放到可能的、应是的、理想的世界中去加以审视，用应是、理想的标准来对它作出善或恶的评价，并以此来引导人的行为。这种应是与实是、理想与现实的矛盾运动，构成了人类的道德活动，不断推动人类向至善方向前进，也使每个个体不断自我完善，自我升华。"摒弃德育，扁平化为传授技术手段，教会作业流程，一味强调工具理性，重器轻道，悬置超越性，最终导致"专"有余，"红"不足，泯灭教育的公益性。如同艾伦·布卢姆（Allan Bloom）批判价值澄清学派持守的"相对主义泯灭了教育和追求美好生活的原动力"。价值澄清学派一旦失去高校本应追求灵魂的"卓越"，必然走向衰败。

另一方面，漠视主体特点。如同斯宾塞批判卢梭自然惩戒法，让三岁儿童玩剃刀，不用说，付出的代价不可估量。马斯洛（Abraham Maslow）也认为青年学生群体勇气、耐心、经验尚不足以应对严峻的生存环境，会出现混淆是非、选择障碍、价值持疑、行为延宕。试问，当代青年在面临价值选择时，应从何处汲取力量，以坚定理想信念、丰富内心世界、充沛精神生活？教育界若选择不回应，势必导致意义阐释空位、价值澄清缺失、精神引领阙如，主体在过量信息、多元选择中不可避免地迷失自我、怀疑自我、否定自我，生命意义在消费主义强势冲击下走向虚无。威尔森（John Wilson）痛斥价值澄清学派无效且失败。深入剖析，知识究竟为谁服务？若不叩问价值，追寻意义，对形而上无明晰、合理、自洽的解析，工具理性最终重蹈现代性。

再看国际工程教育CDIO模式，其中不乏麦金尔太提出的外在利益诉求，以满足企业主等利益相关者对于权利、地位、财富等需求为首要标准。但立根之基1个愿景（vision）、1个大纲（syllabus）、12条标准（standards），愿景仍被置于最前端。较之告知学生"是什么（to be）"，CDIO模式更强调"应当做什么（ought to be）"。培养目的清晰明确"在一个现代的、团队的工程环境中理解如何构思、设计、实施、运行复杂、高附加值的产品、过程和系统，成为成熟、有责任感的人。"何为"成熟、有责任感"？始于高超技艺，终于高尚情操、远大志向、敬业精神以及社会责任感，用技术之力推动科技进步，造福人类，回馈社会，担负起时代工匠理应承担的现代科技与工业领域可持续化发展的历史重任。

由此观之，德育智育并不矛盾。马克思、恩格斯谴责资本主义教育本质，"资产者唯恐失去的那种教育，对绝大多数人来说是把人训练成机器。"人如何在高度现代性中不被异化为非人、规训为机器？回到初心原点，康德在18世纪第一次提出"德育"概念，意指遵循道德法则，知识架设通往美德的桥梁，科学知识最终与德性知识合一，成就自由人。杜威倡导以知识秩序本身富有的德性成就人的自由（freedom）与人性完满（human nature）。中国自古，以德为先，讲求道法自然，人文化成，遵奉有德之人。孔子仁学高度重视德性熏陶，希冀道德教化规范行为举止。言师者，第一要务即传道，其次是授业、解惑。知识德性双修同练，助益生命成长。

总而言之，德育智育两者目标一致、价值相通，均以人为本，以个体生活生命与整体生态为重，以期塑形三观，释放工具理性下小写的人，激活富有生机活力大写的人，共同维护治理社会秩序，书写人类命运。反观之，错而不纠、纠而不对，皆是纵容恶，滋生个体、群体破坏性因子，最终将人类推向灭亡。

纵览我国立德树人、铸魂育人的教育方针政策，高屋建瓴，高瞻远瞩。"全员、全过程、全方位思政育人体系"明确要求树立辩证唯物主义、历史唯物主义世界观，强化显性思政，细化隐性思政，知识传授结合价值引领，内化社会主义核心价值观。

（二）教师、教材、教法三要素

理论层面，德育智育核心要义、内在机理深度契合，皆是立德树人的有效载体。智育离不开德育"面"上引领，德育离不开智育"点"上落实。实践层面，则需深化"三教"改革，充分调动教师、教材、教法三大关键要素流动互通。

其一，教师是课程建设的始基。"亲其师，信其道"。每位教师都有着独一无二的学科背景、教学轨迹、人生感受、事业体悟。对课程的认同、教学能力、经验，无法复制，是课程之魂。唯有拥有高度敬业精神、自觉政治觉悟、浓厚爱国情怀、超凡人格魅力的教师，方能保持战略定力，对抗日趋表象化、碎片化的世俗，赢得学生深度认同，切实提高学生的思想觉悟与道德水平。

其二，教材是课程建设的保障。教材内容既要体现"专"，精准对接行业产业岗位需求，夯实技术技能训练，又要强调"红"在理想信念、人格养成、文化素养领域的精神指引。淘汰视角狭隘、内容陈旧、形式呆板、缺乏内在张力，无法适应国情需要和教育发展的教材。出版价值引领、立场端正、内容科学、体系完备的立体化新型教材。

其三，教法是课程建设的关键。"你讲我听"填鸭式满堂灌的教学方法无法解饥止渴。合适有效的教学方法，方可提高思政教育说服力与感染力。上海高校研制"理论融入故事、故事讲清道理、道理赢得认同、悟道取代灌输"的教学方法，取得良好成效。鉴于此，采用凸显问题意识、"漫灌"结合"滴灌"的教学方法，有利于击中学生痛点、痒点，帮助他们在价值对立冲突中进行理性思考和批判性判断。运用"智能+"赋能教育，但信息化技术手段不可陷入娱乐化、媚俗化泥沼。

互联网思维指引下，理论与实践领域推演德育智育融合，高度协同，互补互通，教师、教材、教法三者完成自我更新与衔接贯连，资源要素顺畅流动，达至专业课程为思政课程提供新阵地、新案例、新素材，增容思政课程体量，提升课程学术品位；思政课程辅助专业课程提炼萃取社会主义核心价值观并落实、落细、落小，在强化道德修养、强调政治觉悟、培养崇高思想品德的同时结合高素质、高技能训练，春风化雨，润物无声，引人以大道，启人以大智，满足大学生成长发展的需求和期待。

二、互联网思维下协同育人机制建设内容

立足新时代，基于德育智育融通的理论依据与实践研判，在万物有联的互联网思维指引下，顺应中国特色社会主义育人为本、德育为先的教育方针战略，打造思政课程与课程思政教师混编的育人共同体，建设"一库一中心"。以社群交互体验架构为原则，建构去中介、场景化、全息化课程思政教学资源库。资源库以思想政治教育辐射学科专业教育为主导，对课程进行整体性重塑重构，建设一批教师受益、学生喜爱、德智内容叠加的高质量课程资源，扩大思政课程资源供给，形成课程思政案例开发标准，发挥政治引领和价值凝聚功能。线下搭建协同育人中心，汇集优质资源，着力德智融通的重点领域与协同案例

挖掘开发、整理包装、成果推广运用的关键环节，以精准化、一站式解决方案为抓手，强调全学科、全课程、跨领域交叉融合，优势互通，资源共享，落实立德树人，培育合格的中国特色社会主义事业建设者和可靠的接班人，办好中国特色社会主义大学。

（一）打造思政课程与课程思政的育人共同体

混编思政教师队伍与专任教师队伍为"一库一中心"主体，出于对当下思政课程与课程思政协同无抓手现实困境的洞察。

据统计，专业教师马克思主义理论素养普遍较弱，教学方法、教学经验、教学能力等实践智慧欠缺，导致"马克思主义被边缘化、空泛化、标签化，在一些学科中'失语'、教材中'失踪'、论坛上'失声'"。

与此同时，即使教师个体有意提高个人思政修养，知晓课程思政改革是必然趋势，了解课程思政改革的必要性和时代要求，但受制于科技工具主义思潮的影响，专业越加细化，学科藩篱越加牢固，协同难免乏力。教师之间容易出现互信缺失、观点抵牾、价值疏离，直接导致课程思政资源挖掘不深，教学内容与思政要素结合不紧密，无法体现大思政格局体系的强大生命力。如同拉思斯分析学界出现不同既得利益集团纷争，"作为对这种混乱状态的反应，教师转而'教授事实知识'。如果争议是令人烦恼的，教师就会置身事外。学校行政管理人员往往喜欢那些不提出'问题'的教师。在充斥陌生人的团体内，背景各异的人们互不相识，学校更加容易表现出意见的不一致。作为课程固有部分的道德价值、伦理价值和审美价值暗暗被遗弃。"

混编师资队伍，线上建设课程思政教学资源库，丰富思政教育资源供给，解决协同场域空缺的问题；线下组建协同育人中心，打造思政专家、大师工匠、名师、校友等"导师团"，实现功能互补，优势叠加，提升课程思政效能。

整编师资一改以往单兵作战方式，将单线教学模式转变为组合拳。汇聚多元资源，加强顶层思政教育研究，两种类型教师共同承担科研课题，共同修订课程思政导向的课程标准，共同打造个性化"千课千面"课程，共同开发教学资源，共同设计思政课程与课程思政融合项目推广运用方案，共同以赛促练、促训、促教，群策群力，集体研讨，头脑风暴，交叉视角，由此提升育人、科研、教学实效，发挥教研相长、教学相长的良好效应。师师、师生形成多重共鸣，不断丰盈精神世界、稳固精神支柱，将小我投入大我，把个人理想抱负自觉融入国家民族事业，陶冶高尚的道德情操，培养深厚的民族情感，输出又红又专技术技能型人才，教民之所求，育民之所需，开创我国思想政治教育事业发展新局面，助力中国特色社会主义发展和实践。

按照全域、泛在大思想政治教育体系旨归，汇聚思政课程、课程思政优质师资力量，课程思政教学资源库对标国家专业教学资源库建设要求，协同育人中心对标国家教师教学创新平台标准。混编师资亟须做到以下四点。

一是教师做到以德立身、以德施教。教师需真学、真信、真懂、真用马克思主义和习近平新时代中国特色社会主义思想等，增强政治认同。树牢"四个自信"，对中国传统文化、制度文化满怀信心。筑牢政治底线、道德底线、法律底线。做"四有好老师"。坚持围绕学生、关照学生、服务学生。积极回应社会热点，关注社会、关照现实、关切未来。不仅自身对价值重塑有自觉行动，同时感召规范学生行为习惯，培养学生理想信念、道德情操，培育民族精神，涵养道德修养，提升综合素质。

二是教师做到以研促教、寓研以教。教师需自觉加强科学研究，领会思政体系内涵逻辑，将学术研究与思政教育纳入统一架构进行整体顶层设计与具体推进，厘清分野边界，锚定契合结点，掌握德智融通教育规律与话语体系，提高系统运用思政教育科研思维的能力。根据课程价值属性，梳理不同研究专题，将自身最新的科研成果、研究专长常态化渗透至教学，注重历史和逻辑的一致性、理论与实践的结合度，增强课程学术含量与价值意蕴，提升课程思政说服力与穿透力，实现"四个相统一"。以人格魅力引导学生心灵，以学术造诣开启学生的智慧之门。

三是教师做到精研教材。教师需契合课程思政改革具体内容与逻辑框架，编制向教学体系转化的教材。将活的现实案例、理论创新融入教材，核心价值观贯穿始终，在"是什么、为什么、怎么做"上平衡课程思政应有的工具性与政治性，做到形散神聚。区别于单纯追求职业化的教材，配套教材在不影响自身知识谱系、逻辑结构、内容体系的前提下，致力于寻求知识宽度，追求博学与精专、知识与价值、人文与科学、学习与生活全面均衡。同时高度重视思政的意识形态属性，诸如马克思主义中国化、习近平新时代中国特色社会主义理论等文字表达必须具有权威性、科学性和准确性。形式上则可采用工作式手册、活页式新型教材样式，以应对时时变化的世情、国情。

四是教师做到教学基本功过硬。教师应注重整体规划，构建体现中国风格、彰显中国气派的话语体系，系统设计知识传授与价值引领结合路径，提炼爱国情怀、法治意识、文化自信、社会责任等要素，将马克思主义中国化的最新理论成果主动融入知识讲授。基于学生身心发展特征，结合学生人生际遇、认知障碍、具体困惑，形成具体生动的案例，由浅入深融入教学活动。营造平等、开放、互动的课堂，运用学生喜闻乐见的话语体系与教学方式，鼓励学生在理论思辨、观点辨析、时事研判中形成独立思考的习惯，培养提出问题、解决问题的能力，从而厘清价值观念，坚定政治信仰。设计过程与结果兼顾的评价系统，注重学生精神熏陶与习惯养成，情感、态度、价值观等因素，将学习主动性、合作交流积极性等纳入评价体系。

提请注意的是，学术研究可不设定禁区，但课程教学过程不允许任何教师在任一课堂散布违反党的基本路线原则、有损国家形象利益、误导学生健康成长的错误的言行举止。

（二）社群交互体验全新课程思政教学资源库

互联网思维首要法则是用户至上。延伸至教学资源库建设，第一要务是以学生为本，全面审视资源库受众当代大学生，把握该群体的特点、需求和期待。

当代大学生群体面临世界百年未有之大变局，社会舆论环境复杂多变，多元化社会思潮层出不穷，敌对势力各种渠道渗透严重，旺盛的自媒体价值紊乱，文化场景纷繁多样，缺乏统一的秩序标准引导以及稳固坚定的超越性引领，青年学生内省精神不足以抵制舆论控制，易受外界影响，容易出现政治信仰迷茫、价值取向畸形、社会责任感淡漠、理想信念模糊、自我评价忽高忽低、自我判断左右摇摆、自我控制时严时松等问题。传统思想政治教育受到严峻挑战。

由此，课程思政教学资源库建设需遵从主体内在需求，强调社群交互体验，以去中介、场景化、全息化为手段，将资源库人格化，深入挖掘课程蕴含的道德因子、文化基因、价值意蕴，将崇高价值、终极意义等渗入知识传授，实现课程价值传导遵循国家意识形态，单门专业课程与思政课程体系同频共振，培养学生遵从社会规范，提升理性思维能力，明辨是非善恶，具备高尚的道德情操、开阔的人生境界、富饶的精神家园、强烈的社会责任感与历史使命感。

互联网思维推崇体验，重视社区交互式沟通。换言之，学生在资源库中与环境、资源、合作者、教师等场域发生交互沟通产生的个体体验与意义建构，较之整齐划一的标准答案，更为重要。自发性生成的经验，可抵御多元理想信念的差异冲突，养成自我卷入型观念认知，最终形成行为实践意向，塑造政治道德人格。由此，教学资源库不是简单地搭建网络教学平台，而是打破专业界限，对平台集成与资源要素整合运营，创设与当代大学生生活经验、现实境遇、未来梦想契合的场景，建立社区式人际关系网络，与主体交融对话，巧妙渗透、隐性介入主体生活。进而直面主体认知交锋，叩问心灵困惑，直击灵魂深处认知与实践根源。主体在资源库社区交互式沟通中，通过体验突破认识壁垒，通过辨析解除情感障碍，通过内化产生认同共鸣，从而开启坚定政治信仰、获取生命意义、汲取前进力量的德性之门。

借鉴互联网应对市场的策略手段，资源库需去中介、场景化、全息化。目前大学生群体趋于细分，呈现社区化、区隔式存在样态。各个细分领域，兴趣大不相同，抱负大相径庭。有的热衷二次元，有的着迷汉服古风。"每个学生从活动中获得的意义和理解的方式是各不相同的。"按照马克思人学理论论述，人是类主体的生存样式，故教学资源库需建设为去中介的类主体场域。资源要素跨界流通，变死教材为活教材，让学生与资源之间、学生与学生之间、学生与教师之间、教师与教师之间形成流动的场域。学生既在固有圈子中，又能打破界限、挣脱束缚、自由自在。途径便是通过全息化资源在搭建的全域场景中，主体进行内省式人际沟通。主体不再是单子化、独白型孤立地存在，而是成为最具活力的因素，不断创造二次文本、拓展文本。全息化资源在使用中不断叠加迭代。诚如马克思所言，"一个种的全部特性、种的类特性就在于生命活动的性质，而人的类特性恰恰就是自由的、自觉的活动。"教学资源库作为人格化的道德存在，人与人的关系在此场域中更为紧密。"人同自身的关系只有通过他同他人的关系，才成为对他来说是对象性的、现实的关系。"主体在资源库中缘事析理，从个体依附性人格，迈向个体与类主体统一性存在，成为充分占有自我、独居个性兼具共性，被社会接纳认可的自由、全面、完整的人。

资源库建设理念可溯源至赫尔巴特"无教学的教育"。资源库人格化旨在激发师生双主体兴趣，使双方充分发挥主观能动性，自觉追求学思践悟、知情意行一体的逻辑层次和功能实现。架构步骤如下。

首先，突破原有学科划界、固有专业物理心理距离，打破单一领域边界，拓展新的学习空间，开放多种渠道介质，让思政课程与课程思政从封闭走向开放，24小时不断线，365天不落幕。提供名师名匠精品在线课程、海量案例等共享型全息化资源，让马克思主义在专业建设中"发声"、教材中"现形"、论坛上"亮剑"，弥合思政课程与课程思政鸿沟，实现认知引导与价值形塑。

其次，运用信息化手段，设置多样化场景，提供富有人文意蕴、德育内涵的常态化培训与伙伴式学习，触发体验式思考，将思政学习演化为日常生活方式，全域式嵌入思政教育，强化主体的政治担当和道德意识。同时有选择性地让品学兼优的学生成立团队，展开合作学习，提升思政教育的可信度，促成情感共鸣与行为认同，助推学生群体步调一致、结伴而行。

最后，大数据背景下，对使用资源库的学生行为轨迹进行跟踪分析，挖掘学生需求侧，有针对性地丰富课程资源。通过在线答疑等功能，与学生建立心灵对话，以境感人，以情动人，辅助学生建立高效的自我激励机制，做到学懂弄通做实，学思悟相长、知情意合一。

第四章

高校课程思政的教学育人体系的构建

第一节　构建课程思政全方位育人体系

一、课程思政全方位育人体系构建理念

时代的发展，使得思想政治教育的内涵变得更加丰富，成为一个更加完整的体系，课程思政应运而生。但无论选择什么样的教育方式、手段，都要对学生进行全方位的育人教育。所谓全方位育人，就是在大学生教育过程中使思想政治教育体现在不同领域、层次、类型等多个方面，从整体上提升大学生的思想道德素质水平。只有加强全方位的育人教育，形成全面和谐的德育环境，增强大学生的参与感，课程思政才能渗透到学生生活的方方面面，从而有效地提高课程思政教育的实效性。

（一）强化价值引领

价值引领有着强大的感召和激励作用。科技创新、全球化互动正在改变着我们的生活状态和交往方式，充分发挥社会主义核心价值观的价值引领作用，是当前应对多元思潮冲击的强心剂，是维护我国一元意识形态的稳定器。在社会主义核心价值观的共建共享下，我国越来越多的公民自觉地建立起强大的"中国信念"，培植起深厚的爱国主义情怀。如果一个群体内部具有强大的价值导向吸引力，就可以强化主体的角色意识，明确责任边界，增强群体的凝聚力和自信心。从思想政治教育的学科特质来看，思想政治教育与其他社会自然科学不同，其实质是在观念、思想、精神层面对公民进行影响、改造的哲学社会科学，是知识内化与行为外化的双重统一。因此，在开展思想政治教育工作时，更要充分认识到价值引领的重要性。高校全方位思政育人体系的创建，需要明确体系中主体需要遵循的共同的价值原则和导向，始终把立德树人作为贯穿所有环节的主线，牢牢把控正确的

教育教学方向，抓住学生与教师这两个主体，在"共情"中强化思想政治教育主体对自身身份的认同感，打通各主体间的情感通道，激活其主体育人力量的同时，确保最终形成的思政育人体系合乎规范，向着正确的道路和方向迈进。

（二）挖掘资源功能

思想政治教育从来都不是由单独存在的几个点所构成的，它不仅仅是高校或者专职思政理论课教师的专属任务，或是只局限在课堂之内的工作，而是一个由多因素教育资源联动参与其中产生作用的有机系统。马克思主义系统观告诉我们在认识、处理和改造事物的过程中，要以整体、全面、立体的眼光代替线性思维，要注意事物的各个方面，遵循其层次性，并分析层次数量、顺序对整体功能的约束限制。在高校全方位思政育人体系的开展构建过程中，要充分发挥能够对思想政治教育发力的每个子系统的育人功能，务必要深入到各个角度来对思政育人资源进行评估整理，拓宽思政教育渠道和方式，尽可能地做到在提升高校思政育人工作的资源选择空间，在提供创新教育平台和手段的同时，无死角、无断层地提高育人资源的价值功能，在"共建"中增强、推动实际效能并使其最大化，强化高校思政育人体系的可操作性。

（三）坚持协同联动

在各要素单独孤立存在时，都拥有其特殊意义内涵的"质"，但当某种联系与其他部分相结合成为一个整体而存在时，其个体的"质"就会转变为大于原质的"新质"。体系化是实现思想政治教育真正价值性的本质要求。在价值诉求明确、导向一致的情况下，高校全方位思政育人体系的优化必须理清各子系统间的工作机理和内在联系，实现各部门、各机构间的资源共享互通、信息交流互动，才能最大限度地发挥出高校全方位思政育人体系的整体功能，将高校全方位思政育人体系健康持久地运行下去。因此，不仅要在顶层设计中，通过规划、分工构建"齐抓共管"的管理格局，统一领导，还要降低各育人资源之间的重合性，减少内部消耗。在人力、物力合理分配上，要从制度建设、学科支撑、教师队伍建设中完善保障机制，促进各育人资源同频共振，纵向延伸。而且，最关键的是在强化内生动力的建设上，要从动机激励、过程监督、结果评价体系中加强高校全方位思政育人体系的反馈调节机制，提升体系内驱力，不断推动体系实现更新升级。也只有这样，才能推动各机构、要素由条块分割在协同联动中走向一体化建设，促进全方位思政育人体系的可持续发展。

二、课程思政全方位育人体系的价值导向

立德树人是我党对我国教育现状进行宏观把控、总体关切后提出的方针战略。在全方位思政育人体系的构建过程中，要始终秉持立德树人的价值导向，明确立德树人与思想政治教育之间的逻辑关系，将其培植于育人主体的自觉意识中，凝聚共识与力量。坚定以立德为根本，立大德、立公德、立私德，以树人为核心，培养有世界眼光的、有实践能力的、能担当民族复兴大任的时代新人的方向和目标，只有这样，才能使高校思政工作真正纵成一条线。

（一）坚持立德树人的价值导向

1. 立德树人是社会主义高校的立身之本

长期以来，高等院校承担着源源不断地向社会输送人才的重任。中国特色社会主义高校是在中国共产党的领导下，在马克思主义理论的指导中建立发展起来的，强化对伟大中国共产党的认同，是保障全国各族人民同舟共济实现民族伟大复兴的根本所在。在中国共产党的领导下，对于违背中国共产党的领导，危害中国共产党的言辞、损害中国共产党的行为，必须坚决打击与遏制，这是全国人民的政治底线，更是凝聚人民共同意识的关键保障。只有牢牢把握住人才培养的核心，将党的教育方针政策贯彻并落实到具体的工作实践之中，面向广大学生，坚持立德树人，进行深度的马克思主义理论教育工作，以主动的姿态进行舆论引导，才能增进大学生对理论的认知与认同，从而树立科学的马克思主义信仰。这不仅事关大学生的健康成长和全面发展，更事关国家的发展。中国共产党是用共产主义远大理想与中国特色社会主义共同理想凝聚的马克思主义政党，增进大学生对中国共产党理想信念的认同，意味着将中国共产党人的理想信念转化为大学生自身的理想信念，即大学生以科学的马克思主义信仰，投身中华民族伟大复兴，追求共产主义远大理想。

2. 围绕立德树人构建全方位思政育人体系

从目的性质上看，立德树人不仅强调德行的培养，更加强调成人的塑造，这与思想政治教育工作旨在实现人对"物的依赖"向"自由个性"回归的本质是一致的。其落实在三个层面：理论精神层面、制度法规层面，以及实践活动层面。理论精神层面主要包括教学课程、校园文化及审美艺术三个方面的途径与方法；制度法规层面包括相关法律规范、规章制度机制及管理服务三个方面；实践活动层面包括整体合力、礼仪规范，以及实践活动的三种途径与方法，这些内容均与高校全方位思政育人体系的创建之间具有严密的契合

性。因此，高校要始终紧紧围绕立德树人这一价值导向对全方位思政育人体系进行建构。

（二）坚持德育先行的原则

1.铸牢理想信念

以立德为根本，坚持德育先行的原则，首先要求立大德，铸牢理想信念。所谓立大德，指的是要铸造大学生坚定的理想与信念之德。大学生作为社会主义事业建设的生力军，崇高的道德水平与修养是最为基础的发展要求。充斥着海量信息的互联网环境，在一定程度上对求知欲强、"三观"正处于成型期的大学生，在塑造坚定信仰和民族自信层面造成了一定的影响。如果大学生不能树立正确的理想道德信念，那么在成长过程中极有可能会被外界的诱惑所影响。因此，在高校全方位思政育人体系的创建工作中，必须要紧紧围绕"立大德"这一根本要求，将理想信念的塑造置于首要的地位，引导学生厚植爱国主义情怀，热爱和拥护中国共产党，践爱国之行。

2.严守社会公德

以立德为根本，坚持德育先行的原则，其次要求立公德，严守社会公德。社会公德有效调节了人与人之间的利益冲突和矛盾的约定俗成的隐性规则，是营造良好社会风气的一种手段。大学生作为社会主义事业建设的主要后备接班力量，每一个个体所代表的都是整个高层次人才群体的形象。在校园这个"小社会"的环境中，推动其养成良好的公德习惯，可以帮助大学生在更好地适应社会规则的基础上发挥好模范带头作用，推动整个文明社会风气的营造。就当前情况来看，校园失德失信情况时有发生，甚至一些违背社会公德的行为产生了群体性蔓延的迹象。例如拖欠助学贷款、破坏教室公共环境卫生、逃避参加集体活动、缺乏集体荣誉感等，在校大学生的社会公德整体水平仍然需要进一步的提升。因此，在高校全方位思政育人体系的创建中，要注重社会道德的浸润，引导当代大学生严格遵守社会公德，培养塑造其社会责任感和感恩之心，积极主动地承担起当代大学生的社会责任，对我国良好社会风气的营造起到表率的作用，发挥应有的价值。

3.培养高洁品质

以立德为根本，坚持德育先行的原则，最后要求立私德，培养高洁品质。培养高洁的个人品质，是高校全方位思政育人体系创建工作的价值追求，也是一项重要任务。教育工作不应在任何一个环节出现缺失。在实际教学实践活动当中，对大学生的整体评价与衡量标准也同样应当以此为准，要把思想认识作为人才评价的重要部分，尤其是要将个人道德的呈现事件和动态变化作为不可或缺的衡量因素，而不是把理论专业知识课的成绩作为评价学生的唯一硬性标准。

（三）以树人为核心培养时代新人

1. 培养有实践能力的人

在思想政治教学过程中，要想提高大学生实践能力，对大学生的思想观念进行影响，最终还是要回归到实践领域，将其外化为推动社会发展的具体行动。高校思政育人工作，在原有"德智体美"的人才培养目标基础上，增加了"劳"这一表述，充分彰显了我党对于培育时代新人的实践要求。在革命年代有勇于牺牲自己、成全大局的革命者；在建设时期有兢兢业业、勤勤恳恳的建设者；在新时代，也需要有"不到长城非好汉"的时代新人为社会主义事业添砖加瓦。强调实践活动能力的培养是不可缺少的环节，要能使学生把书本层面的知识，真正意义上地转化、应用到实践活动之中，为大学生道德行为规范的养成起到纠偏作用，就要将理论知识转化为真实能力，让大学生在自主解决实践问题中提升自身的素质水平。

2. 培养有世界眼光的人

全球化形势对我国社会主义建设事业的推进也产生了一定程度上的影响。自改革开放以来，"走出去"的战略思想便在我国孕育并不断发展；2018年，《中华人民共和国宪法修正案》中将"推动构建人类命运共同体"纳入宪法序言之中，要对大国合理关切，以本国的发展来推进各国的共同发展。种种迹象表明，中国特色社会主义事业的建设工作，与国际形势、世界发展之间的关联是十分紧密的。"得其大者可以兼其小"，高校全方位思政育人工作要把培养学生的世界眼光，提高大学生的战略敏锐性作为目标之一，在学生正确认识世界、评价世界的过程中教育、引导学生，使大学生能够以客观、理性的眼光看待世界发展，明确趋势，找准位置和切入点为国家繁荣复兴添砖加瓦、贡献力量。

3. 培养有创新能力的人

创新是社会进步的驱动力量，大学生是我国高等教育的培养对象，是社会建设的活跃力量，创新能力对于大学生而言至关重要，只有创新才能够深入地挖掘科学的本质，才能为社会的进步注入灵魂。在高校思政育人工作中，要对大学生进行渗透教育，向大学生传递创新的思想观念，培养新时代大学生的创新性思维，为社会发展培育新生力量。当代大学生要走在时代的前列，勇敢地怀疑和批判，打破思想的束缚，才能不断获取突破性的进展。为了能够培养具有创新能力的大学生，在高校思政育人体系的创建过程中，既要以创新性的思维作为指导，对以往的教育理念、教学机制、教学方式方法进行创新和转变，学习更加先进的技术手段，为思政育人工作创造更多的新意，在无形中感染和熏陶大学生的思想；又要让大学生参与到与双创相关的活动之中，培植打破陈规、推陈出新的意志品质。

三、课程思政育人体系的保障机制

（一）严格规范制度建设

华中科技大学在"党旗领航工程"中强调了制度护航对高校育人工作的重要性，从顶层设计、社区育人、条件保障三方面入手，出台了《贯彻落实"做六有学生"的实施计划》等指导性文件，旨在为高校育人工作指明方向；复旦大学在对标教育部相关文件精神的基础上，聚焦育人体系深化改革，通过分析，明确学生、教师、管理人员等不同主体在育人体系中的任务要求，加大对已有制度的执行力度，建章立制推广基层育人模式方法，提高了育人质量。完善的制度体系能够为高校思政育人工作的开展，提供执行依据和基础参考、规范秩序，是全方位思政育人体系得以有序运行的基础支持，是控制和约束体系规则、模式、发展趋势和走向的有力手段。将育人工作上升为制度，不是要禁锢育人主体的思想和行为，而是要更好地保障主体的根本权益，为其主观能动性的发挥保驾护航。严格高校思政育人制度建设有利于推动知识体系、主体关系、资源分配的规范化和透明化，有利于激发育人主体的育人热情和保护育人主体的劳动成果。在课程思政协同思政课程全方位育人体系制度建设过程中，首先，要求高校要正确解读并理解党中央、国务院及教育部所下发的相关政策文件，结合历史经验和传统进行深入理解；其次，坚持分层原则，结合学校、各部门、各院系的具体教学情况和教学需求，坚持自律与他律、外部约束和内部约束兼修，对各个教学部门、组织管理机构的工作责任、职权范围、工作目标与任务等方面的情况进行说明与规定，为思想政治教育工作的开展提供确切依据；再次，坚持分众原则，根据不同育人主体育人的需要，以及不同育人资源的特点找准育人着力点，参考实践案例建立配套等级标准；最后，优化《高校思想政治工作专项资金管理暂行办法》，突出抓重点、补短板的原则，在深化绩效审核的基础上，简化申报程序，加大投入，着力破解发展不平衡的问题，实现高校教育治理能力现代化。

（二）坚持改革创新研究

科学的理论是实践经验的理性总结和升华，蕴含学科逻辑和思维，是实际践行的指南针，对实践具有巨大的指导作用。但作为理论来源的历史实践总是处在不断变化与发展之中，理论的科学性、严谨性建立在对实践变化的正确认识和不断创新更迭中。东华大学实施德育研究提升工程，聚焦思政育人过程中存在的重难点，如课程内容、教学方法、考核方式等，组建研究团队，其目的就是为一体化思政育人提供理论支撑。全方位思政育人体系的创建工作应当以扎实的理论知识作为遵循和依托，不断提升思政育人理论的研究水平，推动育人理论的更新发展。首先，要引导高校师生主动投入到对思政育人理论研究成果的学习之中，以理论知识武装主体，全面提升知识储备，克服经验本位的工作惯性，为思政育人教学工作的全方位开展做好充足的准备。其次，高校要创建思政工作创新及理论研究中心。坚持改革创新的力度，并提升育人理论研究的整体水平，将研究中心作为教师思政育人理论的交流中心，打造思政集体备课平台，围绕党的建设、思政教育、意识形态工作等相关的理论知识以及实践中的运行情况展开全面的研究和探索。让指导教师将所学所接触的理论知识投入到实践中加以应用，在实践中检查、验证普遍理论的适用性的同时，将所得的个别经验重新进行理性整理形成普遍理论，在科学理论知识与实践教学经验两者之间建立紧密的联系。

（三）优化教师队伍配置

复旦大学在党委领导下开展"强师行动计划"，创建"三关心一引领"模式，全方位提升教师理论教学水平。此外，还将师德师风作为新时代优秀教师育人队伍的首要标准，以"全国优秀共产党员"钟扬同志为学习典型、榜样开展宣传教育活动，引导本校教职工在奉献、服务与担当中钻研学问、修品行。南开大学搭建教师成长平台，成立教师发展协会，从人员机构配置及思想理论水平等层面对教师队伍进行优化，鼓励中青年教师参与"择优资助计划"、创新示范团队等项目，助力教师成长发展。要想在全方位思政育人体系中建立一支强有力的思政育人教师队伍，首要的工作便是提升教师的道德自觉，道德自觉性的高低直接关乎教师在工作中主观能动性发挥的程度。要加强对全体教师思想层面的宣传教育。关注教师的思想动态变化，督促教师认真履行职责，根据学校相关教学制度，贯彻落实党的政策与方针，保持健康的思想状态及正确的行为方式，为学生树立榜样，对学生进行行为实践的教学。学校要对思想政治教育的专门人才进行大力的培养和选拔，建设一支专业化、职业化的思政教师队伍。鼓励教师自觉和主动学习先进地区、国家的最新知识体系、实践经验等。组织教师参加思政育人为主题的座谈会，互相交流、分享实践教学活动中的成果，互相学习、共同进步。邀请思政育人领域内的专家在学校开办讲座，评选"优秀示范课""思政精品课"，并在线开放、共享等。最后，抓住关键环节，优化教师配置。在教师与学生的比例上，严格遵循专职思政工作人员和党务人员应不低于百分之

一、专职辅导员岗位不低于二百分之一、心理咨询教师不低于五千分之一的方案，优化高校教师配置，满足思政工作开展要求。

（四）打造协同育人机制

清华大学致力于打造具有"7C"特色的一体化德育体系，成立青少年德育研究中心。其不仅重视各个学段道德教育的联动发展，大力推动大、中、小德育一体化，在附中、附小中传承校风校训；而且在既有的经验和理论基础之上深入剖析，研究家、校、社对德育的贡献度和影响度并加以充分利用。大学生思想道德品质的形成不是一蹴而就的，而是在长期的基础教育与家庭生活、社会环境的不断交往中逐渐形成的。高校思政育人工作是与基础教育开展和社会发展需求具有紧密联系的中间环节。在立德树人的大框架下，根据学生的成长规律、学习接受知识能力的规律和教育规律，对思想政治教育的主要目的、手段、内容进行规划统整，以中、小学思政大纲为基础，消除与中、小学思政教育工作的断层，从基本常识到人际关系再到发展素质渐进拓展。要培养合格的大学生，要以社会需求为标的，培养能为社会做贡献的建设者。创建家校联动的工作机制，通过即时通信App等方式来与家长建立沟通渠道，使家长充分认识家庭教育环境的重要性，规范自身的一言一行。要与当地的社会组织建立联系，进行不同方式的合作联动，由各地党委、政府牵头，深化校地合作，促进学校与社会组织团体、企业之间的互动，依托社会大资源库，加强思政教育与现实生活的联系，营造社会育人氛围。

四、课程思政育人体系的反馈机制

（一）育人体系的激励办法

激励机制是指以人的需要为出发点，运用一定方式提升主体在追求既定目标时的主观意愿程度，从而激发自身的能动性、主动性和创造性，并生成与之对应的积极行为方式。这是促使主体发挥潜能、提高工作效率的重要手段。贵州财经大学在强化顶层设计，推动教学改革的过程中，针对不同层级标准的教师给予相应标准的薪酬，形成了"5+1"模式的激励机制来提升教师参与的积极性，初步形成了教改成果数量多、优良率高的格局。高校全方位思政育人体系中主体多元，主体诉求多样，要想设计高效、生动、稳固的激励办法，就要在高校全方位思政育人体系中改进激励办法。首先，要注重对育人主体多重需要的激励。思想政治教育工作不是功利性的社会活动，不以经济效益和物质利益的获取为最终目的，因此，在激励过程中，也不应单纯地以物质激励为主线，还要从主体的精神需求入手，在人格和思想上引导主体全面地占有自己的社会关系，在实现自身价值和能力突破的过程中产生自豪感、成就感和满足感。其次，创新激励的方式与方法。时代环境和人的思想观念都处在不断的发展变化之中，激励办法的运用要与之相适应，在适应中寻求超越，在继承传统榜样示范、物质奖惩的同时，要发展和创新实践锻炼、情感体验等激励因素，充分结合网络新媒体生动形象地表现激励内容，提升激励水平。

（二）加强教学质量的检查监督

思政育人工作在实践中的落实与执行不能仅仅依靠育人主体的自觉性，更为重要的是要对工作的实施过程进行实时审视与监督。充分利用纪检监察部门的监督作用，强化制度执行力，从而推动思政育人工作常态化稳定发展。在高校全方位思政育人体系的构建中，要加强对高校思政教育教学质量的监督。首先，要强化高校思政育人工作的监管责任体系。主要是要明确从中央到地方、从高校到院系，再到组织部门的每一个环节、各个主体部门所承担的责任，只有将责任进行清晰明确的划分，才能确保在未履行责任的情况发生之后能够及时向动作主体予以检举和提醒。其次，要整合校内、校外两方的监督资源，推进监督机制常态化。其中校内监督指的是在高校要创建完善的自我监督体系，设置专门的思政育人监督部门，制定完备的思政育人工作质量检查与监督工作制度。学年初向各个部门下发学校所制定的年度思政育人工作制度；在学年中组织不定期的抽查，以引起学校全体教职工对思政育人工作的充分重视，在学年后则要对完成情况进行检查与纠正。校外监督主要是由高校所在地的纪委来进行教学外部的监督，以增加学校履行思政育人职责的主动与积极性。

（三）建立思政育人效果的评价体系

科学的评价机制能够通过对执行过程和执行结果的评估、总结，给予系统以正向反馈，从而得出改进策略、方法，以促进系统升级完善，推动系统的健康可持续运行。中国人民大学在本科人才培养过程中，设计制定了以学生成长阶段为线的学生课外综合管理评价系统；北京林业大学通过实施"青蓝计划"强化评价激励机制，从思政育人过程、质量效果和学生的获得感三个维度，进行综合考评、立体分析，以此提升教职工人才培养能力。客观看待思想政治教育工作目标的实现程度，是具体评判育人体系的实施效果的必要条件。通过评价结果的展现、反馈，从中了解体系自身现存的不足并加以改进，是实现建构长效全方位育人体系的必由之路。具体从受体对象的角度划分，高校全方位思政育人体系的评价体系可分为对学生学习效果的评价和对教师教学效果的评价。首先，针对学生学习效果的评价，要打破以往以定量考试成绩为定性标准的错误导向。第一，创新评价方法。将静态考试成绩与学生成长的阶段性动态变化相结合，将重点放在非认知领域，以课程成绩为核心，以调查研讨、专题作业、时间观察等多种方式为辅助，对学生进行全面评价。第二，拓展评价内容。将生硬的理论知识与开放性的实践应用相结合，以启发联想代替死记硬背、生搬硬套，实现学生学习由认知向认同、由他律向自律的转化。其次，针对教师教学效果的评价。第一，在院系评价工作中，务必要制定量化的具体指标，尽可能地消除评价时的主观色彩，提高客观性，对全方位育人体系的落实情况进行检验。第二，动员学生的主体性力量，高校要将每一个班级作为一个单位，以学生为评价主体，以教师工作为对象来进行评价。同时，为了确保学生对教师评价结果的公正、公平性，学校可以采用匿名投票与网络投票相结合的方式来组织评价活动，并且将两种评价的结果进行横向对比，更加客观地获取最终的评价结果。

第二节 公共基础课程思政的教学设计体系

一、公共基础课程思政的教学设计建设分析

（一）公共基础的体育教学课程建设

高校公共体育课程作为高校课程思政建设的重要一环，对于贯彻落实课程思政、实践"三全育人"具有不可忽视的作用。高校公共体育课承担着培养体质健康、身心协调以及持之以恒、永不放弃、品德优良的现代大学生的重任。如何把握高校体育教学课程思政的特点，将思想政治工作贯穿到高校体育教学、课程建设当中，如何实践与保障高校体育教学课程思政的实施，成为当下实践和落实高校体育课程思政的紧要课题之一。

1.体育教学课程思政的特点

在体育教学中要实施课程思政，首先要认清什么是课程思政、怎样做好课程思政建设等问题。认清体育课程思政的特点是开展体育课程思政的重要前提。在体育专业知识教育过程中"融入"和"挖掘"思政资源是开展体育课程思政的特点。其出发点和落脚点是促进人的全面发展，与思想政治教育的目标同向同行、不可分割。体育教师的育人、课程的

育人不是零散的,而是系统的;不是无意识的行为,而是教师自觉的行为;不是自发的,是有组织的。

体育课程思政侧重在体育教学中融入体育各专项课程知识、体育人物、体育历史事件等内容。传统体育教学的"准备部分—基本部分—结束部分",配合着"讲解示范—学生练习—教师巡回辅导—总结讲评"的教学模式来完成体育教学任务,改变教学过程中过分强调教师主体的执行模式,构建以学生为中心的教学模式,将思想政治教育要素充分体现在体育课的教学组织和方法中,反映在教师教和学生学的活动方式中,充分调动学生的学习主动性和积极性,用多样化的教学方法提高体育教学的应用性、趣味性和有效性,对学生起到教育、陶冶、感染、影响作用。如在体育教学理论中介绍中国女排爱国、拼搏、将压力转变为动力等体现体育精神的思政元素。

2. 高校体育教学课程思政的建设观念

(1)立足学生,做到全面融入。要融入培养方案,在人才培养方案制定时就纳入思想政治教育理念,做到思想政治教育融入培养目标、融入课程设计、融入教学环节,并提出明确要求。要融入教学计划,合理设置体育教学内容,科学设置体育理论课所占比例,在日常教学中恰当渗透体育精神与体育文化,增设一些和人文知识有关的理论课程。要融入教学设计,体育教师在教授每一个运动项目时,要将与之相关的体育理念、体育历史、体育文化作为授课内容,巧妙地融入教学中,丰富教学内容,增强课程吸引力。比如,在某校区足球场、篮球场、排球场安装球类收容箱,建立"体育器材诚信管理站",学生自取自还运动器械,既满足学生对体育器械的需要,提高体育运动的参与度,同时在学生自我管理过程中进行诚信教育。

(2)立足课堂,增强教育效果。课堂是体育教学的主阵地,要充分发挥其主渠道作用。课堂内容设置要从大学生的求知需求出发,遵循学生成长规律,注重"术道结合",深度拓展体育教学内容。在课程设计中要丰富教学形式,在体育教学中引入情景模拟、角色体验、团队竞争等新式教学方法,提升课堂话语和知识传播的有效性,促进大学生在体育活动中体会和学习,参与和思考,实现认知、情感、理性和行为认同,以课程思政教育方式,在潜移默化中实现"德"的提升。

(3)立足课外,丰富德育形式。体育课程是众多教育课程中为数不多的学生在业余时间还能广泛参与、自觉参与、乐于参与的课程,利用好体育这一特色,能有效提升德育的覆盖面。首先,要组织以体育为主题的学生社团,吸引学生积极参加体育锻炼,普及体育文化知识,让更多的学生了解体育真正的内涵和魅力,培养终身体育的意识。

（二）公共基础的计算机教学课程建设

《计算机程序设计基础》是一门重要的公共基础课，涉及的专业面广，学生人数多。课程以C++或Python语言作为程序实现工具，重点讲授程序设计的基础知识与基本方法，使学生掌握利用计算机解决实际问题的基本过程和思维规律。课程团队强调将联合国教科文组织倡导的"学会做事、学会做人、学会学习和学会与人相处"的教育贯穿于课程教学过程，承担起全员育人的责任。

多年以来，课程团队遵循以计算思维能力培养为切入点的教学改革思路，对课程教学内容、教学模式、教学资源建设等方面进行探索实践。按照"两性一度"要求深化课程改革，建设了MOOC并组织开展线上线下混合式教学，打造开放式精品示范课堂。新冠疫情期间，提出"线上翻转课堂"的教学模式，取得了良好效果。

强调思政元素与课程知识的水乳交融，以润物无声的方式涤荡学生心灵，使学生获得情感上的共鸣，做到课堂上"有滋有味"，生活中"回味无穷"，让学生受益终身。结合计算机程序设计基础课程的特点，从以下几个方面开展课程思政。

1. 联系实际，挖掘人文内涵

在教学过程中，透过具体的知识和内容，挖掘蕴含在知识背后的思维方式、价值观念和文化意义。通过"AlphaGo为何能打败围棋职业高手"的讨论，让学生在了解深度学习算法所起到的关键性作用的同时，思考其背后更关键的"人"的作用，既激发学生的学习热情，又培养一种人工智能意识和思维方式，鼓励同学们探索未知，掌握过硬的本领，适应新技术迅猛发展的新时代的需要。

2. 触类旁通，培养创新精神

在教学过程中注重介绍程序设计方法，注重举一反三，强调前后知识迁移，鼓励应用创新，引导学生在应用实践中掌握编程语言知识。将不同的程序设计方法进行分类，总结每类问题的程序设计思路，引导学生融会贯通，培养创新和实践能力。

3. 精选实例，促进深入思考

通过典型程序实例，引导学生思考分析其中的人生感悟，培养学生的良好品质，鼓励学生成为有理想信念、敢于担当的时代新人。循环结构是重要的学习内容，涉及很多程序设计方法，在讲述程序实例后可以引出程序设计的四点感悟：识大局、拘小节、懂规矩、强能力。先从程序设计的基本素养去讲述，进而引申到做人做事上，引导学生在实际生活和工作中也要识大局，注重细节，注重良好的习惯养成，做到懂规矩、守纪律，努力学习，不断提高自己的能力。

4. 营造氛围，力行榜样引领

课内课外，线上线下，真切关爱学生，帮助学生解决各种实际问题，营造融洽的学习氛围，体现教师对学生的人文关怀，做有温度的教学。课前做学情调查，发布学习计划、上机软件和课件，课后发布学习提示和直播视频回放。MOOC讨论区和课程群互动及时、充分、热情，做到有问必答。

二、构建公共基础课程思政的教学设计体系

立德树人是教育的根本任务。进入新时代，我国经济由高速增长转向高质量发展，国际形势日趋复杂，客观上对人才、人才培养提出了更高要求，更需要职业教育坚持立德树人，紧紧围绕培养什么人、怎样培养人、为谁培养人这一根本问题，教育引导青年学生扛起作为社会主义建设者和接班人的使命担当。高职院校要突出自身职业优势，树立校园品牌文化，就需要构建思想政治理论课、综合素养课程、专业课程三位一体课程思政多元协同体系，需要探索研究以优秀企业文化培养为契入点的高职公共基础教育，传承企业文化血脉，凸显职教特色，实现公共基础课程"共舞中共振"效应。

（一）加强教师队伍建设

课程思政教学体系的构建，关键在教师。要坚持教育者先受教育。建设一支具有自觉育德意识和较强育德能力的教师队伍，是确保公共基础课程"同向同行、协同育人"的人才资源保障。多渠道多方式建设高素质教师队伍。

加强教师培训培养。抓好课程思政培训指导。通过诸如课程思政教育教学改革专题培训、以老带新、邀请企业家讲座等多种措施，组织选派教师下企业，学习了解与专业相关的企业文化；发挥典型模范引领作用。组织各种育人评选活动，开展行业优秀人物事迹宣传，营造良好教育氛围；组织竞赛交流，开展旨在推进课程思政建设的各类竞赛活动，推选参加各类各级教学技能比赛。各种举措并举，切实增强公共基础课教师的"育德意识"，培养和提升教师的"育德能力"。

加强教育科学研究。激励引导公共基础课教师进行有关课程思政企业文化"协同教育"等方面科研。以科研为引领，以课题为载体，注重理论与实践结合，丰富教师的科研理论知识，推动课堂教学与行业发展结合，推广科研成果向课堂转化，创新教学模式。

发挥思政课"领舞"作用。思政课与其他公共基础课之间有着天然联系优势，更利

于相互间协同教学。通过联合教研活动、开展课堂教改、争创支部先锋模范、组建科研团队、共建网络教学平台、共享教学资源等途径，发挥思政课"领舞"作用，挖掘各公共基础课的思政元素及企业蕴藏的德育内涵，引导各公共基础教师对学生进行价值引领和思想引导。

（二）构建新型课程思政体系

课程思政教学体系的构建，基础在课程。基于课程思政的公共基础课要深化教学改革，需制定以"育德"职业素养为共同目标的课程建设规划，融"育德"于教学各环节始终，构建新型课程思政体系，实现价值教育与学科知识教育的有机融合。

科学进行课程规划。课程规划应秉持以下原则：适度相融原则，思政教育融入公共基础课应适度，保持两者间内在平衡，不可生硬或过度强调；文化传承原则，各课程的课程思政建设需凸显行业优秀文化教育，传承红色基因；科学系统原则，课程思政建设应循序渐进，通过试点—推广—再试点，同时要注重系统有效，既要体现学科的专业特性，又要体现学科承载的思政内涵。

强化教学策略的引领。学校应明确所有公共基础课程都须将社会主义核心价值观、红色基因和企业优秀文化教育内容融入课程体系中，即"德育"目标应体现在所有公共基础课的教学中。教学目标、教学设计、教学内容、教学办法、教学案例都应贯彻课程思政与学科知识的融合，从而从源头、目标、过程各个环节切实推进课程思政。

（三）完善学生发展性评价体系

高职教育目的在于培养出更高质量的德智体美劳全面发展的行业高技能人才。因此，课程思政建设的成效及落脚点在高职学生，故此，必须以学生的获得感为检验标准，构建学生发展性评价体系。

坚持OBE理念。OBE理念（基于学习产出的教育模式）视学生产出而非教科书或教师经验为驱动教育系统运作的动力，认为学生学到了什么和是否成功远比怎样学习和什么时候学习重要，教育结构和课程被视为手段而非目的。课程思政下的公共基础课改革思想引领与人文关怀并重，价值引领与知识传授交相辉映，将教育教学过程由单纯的传授知识、培养技能转化为一个感化、熏陶和养成的过程，更好为学生发展服务。

改革课堂教学评价体系。从单一的知识、技能的评价维度，向思想引领、职业素养、行业德育、身心健康和人格健全等多维度延伸，以"立德树人"为根本，在传授课程知识、培养学科能力的同时，牢牢把握学生价值引领。公共基础课门门有德育，教师人人讲育人，通过教学活动潜移默化地影响学生，这才是从思政课程到课程思政转变的核心要义。

构建和完善学生发展性评价体系。体系构建应突出学生的主体性。体系中学生既参与教师教学评价，也参与自我评价，既是评价客体，也是评价主体；体系标准应具体化。标准中德育素质、智力素质、体育素质、能力素质等，针对不同学科、学生对象，科学制定比重，以凸显评价对个体差异性的尊重，更好引领学生发展。

总之，基于课程思政理念的公共基础课让基础教师回归教书育人，就是要挖掘、发挥各公共基础课程自身所蕴含的思想政治教育元素，围绕价值塑造、能力培养、知识传授三位一体的课程建设目标，就是构建全员、全程、全课程育人格局的形式，就是将各类课程与思想政治理论课同向同行，形成协同效应，就是将思政教育贯穿于教育教学全过程，将教书育人的内涵落实在课堂教学主渠道，让立德树人"润物无声"，使学生"不忘初心、牢记使命"。

三、公共基础课程思政的教学设计意义

（一）公共基础课程的教学设计的基本情况

大多数高职院校的公共基础课程除了思想政治类课程之外，还有中文类、外语类、就业创业教育类、心理教育类等课程，一直是各人才培养方案中不可或缺的一部分。教育部在《关于职业院校专业人才培养方案制定与实施工作的指导意见》中，明确提出了"严格按照国家有关规定开齐开足公共基础课程"，并要求三年制高职总学时数不低于2500，鼓励学生自主学习，公共基础课程学时应当不少于总学时的1/4。

多年来，对于公共基础课程的定位、价值、任务，教师们已经达成了共识。"公共"，在于这些课程是为所有专业、所有学生服务，"基础"，在于不是高、精、尖的技术培养和训练，而是立足于学生在生活、工作、学习等各种环境中必备的知识、能力和素质。因此，高职院校的公共基础课程的主要任务是"为专业服务、为就业服务"，它的价值在于以学生的全面发展为目标，培养学生的职业素质与能力。

通过多年的理论、实践探索，高职院校的公共基础课紧紧围绕任务和价值目标，以提升高职生的文化素质为立足点，通过课程的项目化改革、实践教学的改革、教学模式的改革、教学方法的改革、信息化技术的植入等等途径来推进文化素质的教育，取得了很好的效果。

然而，随着时代的发展和当代社会的主流价值的引领，公共基础课如何纵深发展和横向拓展，如何走向更高的层面，是我们思考的新角度。而课程思政的提出，恰好为我们的思考指明了方向。

（二）开展课程思政教学设计的意义

第一，课程思政对高职公共基础课程的教师提出了更高的要求。在思想层面，公共基础课程的教师需要牢固树立立德树人的教学理念。在教学技能、专业学识层面，要围绕课程中的思政教育和知识点，做到横向拓展和纵向深入的教学，要及时创新课堂教学的内容和方式，将思政教育融入这些公共基础课程的教学中，发挥出课堂教学的育人作用，从而帮助学生形成正确的人生观、世界观和价值观。

第二，课程思政明确了"文化素质教育"的核心，为挖掘公共基础课程的"文化素质教育"内涵指明了方向。在前期的公共基础课程教学改革中，培养学生的"文化素质"包括了思想素质、心理素质、人文素质、职业素质等，是遍地开花式。而课程思政理念下，明确了文化素质教育的核心，即思想政治素质。围绕该核心，各门公共基础课程应该深入地挖掘课程的思政元素。实际上，在公共基础课程中可以找到很多蕴含着思政教育元素的内容和章节，例如体现社会主义核心价值观的内容，弘扬中华优秀传统文化的内容，展现爱国主义情怀、思想的内容，体现创新创业精神的内容。这些内容其实早就躺在了我们的课程中，只是被忽略或不敏感。以课程思政建设为契机，我们可以再进一步地挖掘和设计这些内容，实现有效教学，将高职大学生的素质教育进行到底。

四、公共基础课教学设计的途径

（一）强化公共基础课教学设计提升的培养机制

教书是手段，育人是目的。高校要在充分调研的基础上结合学校整体发展战略及公共基础课教师的特点，制定与之相匹配的培育计划。

首先，要注重教师马克思主义理想信念的培育，鼓励教师通过阅读原著、党课、讲座报告等形式学习马克思主义理论相关知识，树立马克思主义立场观点，自觉以马克思主义为指导加强社会主义思想意识对教学科研的价值引领，坚持学术标准和政治标准相统一。

其次，要切实加强教师思想政治理论的学习，将教师的理想信念教育放在首位，引导广大教师坚定拥护中国共产党的领导，坚定中国特色社会主义道路自信、理论自信、制度自信和文化自信，特别是要加强对青年教师、海归教师和访问学者的培训教育，不断深化教师对思想政治教育工作的认同感和责任感。

最后，要加强基层党支部的宣传引领作用，以教师师德师风和教师职业道德的建设为主线，充分发挥党支部的战斗堡垒作用，引导教师以德立身、以德立学、以德施教，明确育人责任，提升育德意识。

（二）强化公共基础课教学设计提升的发展机制

首先，高校应将"以科研促教学"作为关键切入口，搭建校级课程思政科研平台，鼓励教师从学术的角度探讨教学改革理念、教学方法改进、德育元素挖掘与融合的思路与途径等；同时创设校级课程思政精品课项目，从打造试点到全校推广，从理论研究到课堂教学，从校内精品课到省级示范课，逐步建立并打通课程纵向发展通道。

其次，要做好公共基础课教师与思想政治理论课教师和专业课教师的"对接"工作，打破专业壁垒，打通课程横向"对接"渠道。比如可以通过党支部的"党建联建"、教研室的互动交流等多种形式相互了解各类课程的教育教学基本规律和课程目标，共同推进"协同育人"。

最后，可以通过开展"传帮带"活动，由老教师向青年教师传授在教学实践过程中所积累起来的经验，同时对青年教师授课过程中存在的不足进行分析，找出问题的应对策略。这对于德育能力的提升具有明显的促进作用。

（三）强化公共基础课教学设计提升的激励机制

第一，建立合理的评价机制。其中，探索和建立课程思政评价指标和量化体系是评价机制成败的关键所在，因为只有通过数据等客观信息及时反馈课程实效，才能做到有的放矢、有效整合。比如，可以设立"课程思政一页纸管理清单"，全面梳理课程中的思政元素和德育资源，并标注到对应章节中，选择恰当的教学方法和教学策略，并在课后记录教学实施效果和反思，力求做到"配方科学"（教学内容讲政治）、"工艺精湛"（教学方法讲科学）、"包装时尚"（教学手段讲故事）。

第二，建立有效的激励机制，促使教师逐步提升教育教学能力和课程思政能力。比如可以通过说课、讲课、教案设计比赛等多种方式让教师展示教育风采、分享课程建设经验；同时采用多种成果方式及时反馈教学效果，比如论文、讲义、课程PPT、学生作品、案例选集等，并将教师课程思政建设成绩纳入教师考评体系中。

（四）强化公共基础课教学能力提升的保障机制

教育行政部门和学校党委在大力倡导并推行课程思政建设上发挥着十分重要的作用，在这方面上海的经验值得借鉴。早在2011年，上海就启动了课程思政的试点工作，其中整体试点学校12所，重点培育学校12所，一般培育学校31所，给予每校20万元至150万元不等的经费，并连续投入1年。在经费和政策的充分保障下，上海构建了以思想政治理论课为核心、综合素质课程为骨干、专业课程为支撑的三位一体育人"同心圆"。上海所有高校全覆盖开展专业课程育人改革，每所学校至少选择两门专业课程开展试点，同时根据不同专业、不同年级的学生特点和需求，实现分类、分层、分级的教学模式，形成了以数十门"中国系列"精品课为骨干、300余门综合素质课为支撑、1000多门专业课为辐射的"协同育人"同心圆，为课程思政与思政课程的"同向同行"绘制了上海"路径图"，也为新时代课程思政建设提供了案例。

第三节 专业教育课程思政的教学设计

一、专业教育课程思政的教学设计建设

全面推进课程思政建设，就是要寓价值观引导于知识传授和能力培养之中，帮助学生塑造正确的世界观、人生观、价值观，这是人才培养的应有之义，更是必备内容。

课程思政是专业课程与弘扬真善美的结合，是把"干巴巴的说教"转变为"热乎乎的教学"的过程。课程思政与理工类课程看起来似乎"距离遥远"，如何结合才能防止"贴标签""两张皮"？高校教师的80%是专业教师，课程的80%是专业课程，学生学习时间的80%用于专业学习，专业课程教学是课程思政的最主要依托。根据教育教学规律和人才培养规律，结合学科专业建设特点，对课程思政教学体系进行有针对性的设计，提升课程思政体系的有效性。

根据不同课程的学科专业特点和育人要求，按照不同课程类型，分别明确每类课程进行课程思政建设的重点。其中，又按照专业教育学科特点，分别提出文史哲类、经管法类、教育学类、理工类、农学类、医学类、艺术类7大类专业课程的具体建设目标。

（一）专业教育的经济学基础的课程建设

改革开放以来，国内思想多元化越发明显。近年来，随着经济下行压力增大，经济发展向高质量发展转型升级。思政课程对大学生的德育培养就显得极为重要，可以从整体上提升大学生思想政治道德素质。强化高校金融管理课程思政与专业课相融合，有助于提升教学质量。不断完善和践行课程思政教学改革，构建全方位、多层次、立体化的思想政治教育体系，实现立德树人的根本任务。

1.金融管理专业与课程思政的内在联系

课程思政理念源于2014年上海市相关高校的探索，是依托、借助于专业课、通识课而进行的思想政治教育实践活动，或者是将思想政治教育寓于、融入专业课、通识课的教育实践活动。

金融管理专业坚持"以学生为根本，以德育为首位，以教学为中心，以就业为导向"，采用"三联动（企业—协会—行业）、四结合（能力与素质相结合、课程与证书相结合、行业专家与专业教师相结合、专业知识与营销技能结合）、任务驱动式、订单式"的人才培养模式，培养德智体美劳全面发展的高素质技术技能型人才。

在专业人才培养方案课程体系中，为了培养德智体美劳全面发展的人才目标，必须融入课程思政的理念。其中思政元素的来源来自两个方面：一是思想政治理论课程；二是专业课程。

（1）思想政治理论课程。现目前大学思政课程主要有《形势与政策》《思想道德修养与法律基础》《毛泽东思想和中国特色社会主义理论体现概论》等。此类课程是高校思想政治教育的主要课程，目标非常明确，提高学生的思想觉悟，引导学生树立正确的科学人生观、世界观和价值观。大学生思想政治理论课对整个社会主义精神文明建设起着举足轻重的影响，是具有鲜明政治属性的课程。

（2）专业课融入思政元素。在思想政治教育实践中，我国以往习惯于采用显性思想政治教育，而美国等西方国家则常常采用隐性思想政治教育。但随着社会环境的变化和大学生主体意识的增强，后者的作用越来越引起重视。课程思政，即专业课融入思政元素。为了加强专业课程思政的功能和作用，专业课程教学内容中必须贯彻思想政治理念。

金融管理专业将《经济学基础》专业课程的教学内容和思政有机结合，实现理论与实践的结合，知识与技能的深层次统一，在无形中影响学生的道德、情感、意志，从而达到良好的品德、行为和习惯的养成，充分发挥专业课思政潜移默化的效果。

2. 金融管理专业思政元素的挖掘——以《经济学基础》课程为例

《经济学基础》课程思政的元素有很多，需要进行深入挖掘。目标上要掌握中国特色社会主义经济运行规律，实现专业知识服务中国经济的发展，形成强烈的社会主义核心价值观。一方面，通过专业课与思政知识点的有机融合，为当代大学生确立正确的世界观、人生观和价值观。实现祖国的伟大复兴，形成与祖国同呼吸、共命运的强烈思想信念。另一方面，经济学基础课程能够培养学生的决策能力、分析能力、应变能力和创新能力等。

（1）《经济学基础》整体架构的思政元素视角以金融管理专业的《经济学基础》为例。《经济学基础》是金融管理专业的基础核心课，设置在大一第一学期。对于大一的新生，刚接触专业课会有一定难度，在教学设计中，将平时比较熟悉的思政元素融入《经济学基础》课程，就像盐溶于汤中要产生化学反应，不要物理焊接，更不要堆砌，让学生更易接受，认为就是课程的一部分，能够引起学生的情感共鸣，有效地激励学生产生学习内动力，有效促进学生对课程知识的理解、掌握、拓展与深化。

《经济学基础》分为两大部分，包括微观经济学和宏观经济学的内容。《经济学基础》以经济现象与经济规律为研究对象，强调经济学的趣味性、实践性和实用性。经济学的基本原理和基本方法包括：价格理论、弹性理论、消费者行为、成本理论、市场结构与厂商行为、收入分配理论、市场失灵与政府失灵、宏观经济、国内生产总值、失业与通货膨胀和开放经济。课程力求生动、简明、易懂，以经济学规律的实际应用为主线，以理论服务于实践为出发点，将课程思政融入经济学教学，培养出满足社会主义发展的专业人才的要求。

（2）《经济学基础》章节的思政元素视角。《经济学基础》如何切入思政元素，如何进行有效的无缝衔接，让学生能够与现实生活相结合。以价值理论的供给规律知识点为例，供给是厂商在一定时期内在一定的价格条件下，生产者愿意并可能为市场提供某种商品或服务的数量。引入道德元素时，可以通过案例教学法进行。随着经济社会的发展，生活中的物质越来越丰富，充分满足人民群众对美好生活的追求。除了对必需品的满足之外，人们也更加注重精神生活。

（3）《经济学基础》具体知识点思政元素视角。在供给规律知识点中，以供给定理为例，指在其他条件不变的情况下，供给量与价格正方向变动：商品价格上涨，供给量增加；商品价格下降，供给量减少。当然，供给定理也有例外，奢侈品当供给减少的时候，价格上升，例如张大千的字画。可以设置两个问题：一般商品的供给规律是怎样的？艺术品市场的供给规律是怎样的？艺术品市场如此多的造假。通过提问，师生互动，然后巧妙地得出目前市场上存在一些造假现象，扰乱市场，缺乏正确的价值观、道德观及发展观。高昂利润驱使，信息不对称容易产生道德风险，使人丧失诚信、缺乏道德规范、责任感，从而产生欺诈、造假行为。过于注重经济效益，而忽视社会效益，扰乱文化市场秩序，影响了行业健康发展。通过具体案例，将思政元素自然流畅地与专业课相融合。呼吁学生诚实守信，具有良好的职业道德，树立正确的社会主义核心价值观。

（二）专业教育的生物化学基础的课程建设

《生物化学》课程是生命科学相关专业的专业基础课，它不但是学习专业知识的主阵地，也是思政育人的载体。教师在教学过程中除了注重传授和强化专业技能外，也应注重价值引导。在进行课程全方位教学设计时，教师全面分析、收集及整理了生化知识点里的思政元素，梳理提炼出专业知识与思政元素的结合点，进行"融入式"设计。重塑教学目标，梳理教学过程，将专业知识传授与思政育人元素有机结合，贯穿于课程教学的全过程，培养学生的科学和专业精神，激发学生的爱国情怀和责任担当意识，达到润物细无声的育人效果。专业课思政元素的挖掘，也大大提高了专业教师课程思政的意识和能力，真正做到"守好一段渠、种好责任田"。

1. 以"三农"情怀重塑育人目标

在思政育人融入教学理念的指导下，《生物化学》课程在认知、技能、情感三个维度分别重塑了已有的教学目标。

（1）在认知目标方面，掌握生物化学的基本理论知识，了解生物化学发展趋势和生物化学研究和应用的最新进展和技术。

（2）在技能目标方面，培养在生活中应用生化知识分析问题的能力，以及在科研中运用生化理论知识和技术在分子水平探究生命本质的思维能力，在应用层面为高端精准农业的进步和医药健康及食品卫生质量的提高提供良好的知识和技能储备。

（3）在情感目标方面，发挥课程育人的作用，培养具有牢固的专业思想和具有农业大学本色的"三农"情怀，以及具备自主学习和合作学习能力的创新型人才。

2. 科学设计，实现知识传授与思政育人的有机融合

在教学目标的指导下，教师对教学内容进行细致梳理，找到专业知识和思政元素的契合点，有机融入，提高课程思政的亲和力和有效性，实现知识传授、能力培养和情感教育融为一体。

（1）在案例中体现"爱农知农为农"精神。作为农业院校的《生物化学》课程，在

以《生物化学》的基础理论知识为核心教学内容的基础上，增加与生活实践相关的案例使同学们理论联系实践，同时追踪科研新进展并融入课程相关内容中，特别是生物化学理论及技术在现代农业中应用的案例和研究。例如根据氨基酸合成途径设计的除草剂草甘膦、生物固氮以及生物化学技术在现代农业抗病、育种中的应用等。为培养"爱农知农为农"的创新型农业人才服务。

（2）了解中国科学家经历，增强文化自信与民族自豪感。教师搜集了做出重要贡献的中国科学家、突出的研究成果以及科学研究背后的故事，建立了资料库，并融入相关的专业知识点中，展示我国过去、现在的高水平科研成果，使同学们感受科技工作者爱国、创新、求实、奉献、协同、育人的科学家精神。

（3）借用优美诗词，助力专业学习。中国是一个诗歌的王国，用优美的诗词结合生物化学知识，既感受传统诗词之美，又提升《生物化学》的学习效果。教师先引入唐代孟浩然的诗《与诸子登岘山》："人事有代谢，往来成古今。江山留胜迹，我辈复登临。水落鱼梁浅，天寒梦泽深。羊公碑尚在，读罢泪沾襟。"因为孟浩然是湖北襄阳人，所以请湖北同学用方言朗读诗。在活跃的气氛中，从社会间的代谢引入机体内的代谢，使同学们感受到新陈代谢的普遍性及其在社会和机体内的重要性。

（4）学有所用，传播科学知识。《生物化学》中的很多知识是与人体身心健康息息相关的。比如糖、脂肪在生命活动中有重要的功能，但是过多就会导致机体物质和能量代谢紊乱，甚至引起疾病——糖尿病、肥胖等。在学习了相关代谢途径后，通过和同学们一起分析市场上五花八门的减肥产品和减肥方法，引导同学们应用所学知识辩证分析问题，建立合理饮食并结合运动的健康的生活方式，关注生命健康。

具体来说，理学、工学类专业课程，要在课程教学中把马克思主义立场、观点、方法的教育与科学精神的培养结合起来，提高学生正确认识问题、分析问题和解决问题的能力。理学类专业课程，要注重科学思维方法的训练和科学伦理的教育，培养学生探索未知、追求真理、勇攀科学高峰的责任感和使命感。工学类专业课程，要注重强化学生工程伦理教育，培养学生精益求精的大国工匠精神，激发学生科技报国的家国情怀和使命担当。

农学类专业课程，则要在课程教学中加强生态文明教育，引导学生树立和践行绿水青山就是金山银山的理念，要注重培养学生的"大国三农"情怀，引导学生以强农兴农为己任，"懂农业、爱农村、爱农民"，树立把论文写在祖国大地上的意识和信念，增强学生服务农业农村现代化、服务乡村全面振兴的使命感和责任感，培养知农爱农创新人才。

医学类专业课程，要在课程教学中注重加强医德医风教育，着力培养学生"敬佑生命、救死扶伤、甘于奉献、大爱无疆"的医者精神，注重加强医者仁心教育，在培养精湛医术的同时，教育引导学生始终把人民群众生命安全和身体健康放在首位，尊重患者，善于沟通，提升综合素养和人文修养，提升依法应对重大突发公共卫生事件能力，做党和人民信赖的好医生。

二、明确专业教育课程思政教学设计的目标

课程思政理念正是对当前形势下深化高校思想政治教育改革，全面提升教育实效所进行的有益尝试。将思想价值引领贯穿教育教学全过程和各环节。这就要求突破思想政治理论课单一课程载体，打破不同学科、不同课程之间的功能壁垒，使得学校各方力量、各种资源、各类课程都能发挥育人功能，实现协同效应。

（一）专业教育课程思政教学设计目标的价值

将高校所有课程划分为思想政治教育显性课程和隐性课程。显性课程即高校思想政治理论课，是对大学生进行社会主义核心价值观教育中的核心课程，在大学生思想政治教育中发挥价值引领作用；隐性课程包含综合素养课程和专业教育课程。前者在思想政治教育中发挥浸润作用，注重在培育人的综合素养过程中根植理想信念；后者发挥深化和拓展作用，在知识传授中强调主流价值引领。通过推动思想政治理论课显性育人与其他所有课程隐性育人相结合，使思想政治理论教育与专业教育协调同步、相得益彰，真正实现在课堂教学主渠道中全方位、全过程、全员立体化育人。

（二）专业教育课程思政教学设计目标的行为

《消费者行为学》作为市场营销专业的专业核心课，是一门建立在心理学、社会学、人类学、经济学、管理学等学科理论基础之上的学科。该课程重点研究消费者行为的消费过程、心理影响因素、个体影响因素和环境影响因素。

以课程思政为导向，制定清晰明确的教学大纲和教学目标。结合学科和专业特征，确定《消费者行为学》专业课程要承担的育人内容。在日常教学中侧重让学生了解中国消费基本国情，培养文化自信，普及人文精神和科学精神；在实验中侧重培养团队协作精神以及对他人的尊重；使学生树立良好的消费观念，合理消费，杜绝奢侈浪费的生活方式。

三、专业教育课程思政教学设计的实施理念

落实立德树人根本任务，必须将价值塑造、知识传授和能力培养三者融为一体、不

可割裂。这一表述明确了课程思政价值、知识与能力三位一体的教学目标，体现了课程思政教学的规律性、价值性和目的性。课程思政要求在专业课程教学过程中培养学生正确的逻辑思维和价值判断能力，充分发挥专业课程知识体系对主流意识形态引导和社会主义核心价值观教育的补给与支持作用，这既是对受教育者求真精神的综合培育，亦是对受教育者至善行为的精准引导，更是对其臻美品格的持续养成。由此可见，课程思政是专业课程与弘扬真善美的有机结合，它将真善美理念贯穿于课程教学全过程，渗透于课程教学各环节，是有序开展课程教学、精准设计教学活动的基本遵循。

（一）在价值塑造过程中彰显吸引力

价值塑造是课程思政教学的第一要务。如何在课程思政教学中实现价值塑造，关键在于将专业课教学与"真"相结合，确保课程思政教学"抓准"，从而建立一套符合专业育人特点、契合学生认知发展规律的价值引领体系。"求真"在课程思政教学过程中具体表征为对真理的追求以及真情实感的融入，这是课程思政教学设计合规律性的体现。在课程思政教学过程中，无论是公共基础课程，还是专业课程，抑或是实践类课程，贯穿于价值塑造过程始终的依然是理论传授与实践引导相互补给的逻辑主线。这就要求探寻课程思政教学与马克思主义素养培塑、思想道德成长相结合的生长点。在专业教育中以联系、发展、矛盾的理论精髓，循序渐进地引导学生在现实社会以及网络领域的繁杂现象中养成正确认识问题、分析问题和解决问题的逻辑判断能力。通过提炼专业课程蕴含的育人元素，促进知识传授与价值引领相结合。同时，专业课教师本身有其内在的感染场，其教学形象则是专业课程价值外显的生动写实，很大程度上会对学生的思想和行为产生潜移默化的影响。这就要求专业课教师在价值引导过程中动之以情、晓之以理，以求真的专业精神引导青年学生在专业知识学习中培育家国情怀，用务实做事风格引导青年学生树立专业知识学习的使命担当，推进学生在专业课程中学真道、求真理、做真人，从而发挥课程思政的价值引领效能。

（二）在知识传授过程中体现感召力

善是事物所具有的能够满足需要、实现愿望、达到目的的效用性。将专业课教学与"善"相结合，是课程思政教学设计合乎价值性的体现，也是对人的应然状态的动态把握。对学生进行知识传授的过程，亦是满足人的发展和社会进步价值效用的过程，是将课程思政教学蕴含的精神力量转化为物质力量的表现，是内化于心、外化于行的生动再现。各类课程都有一定的价值观，蕴含着各自独特的人文精神，有着显著的价值关涉性。虽课程样态各异，但其蕴含的价值逻辑不变。静态的课程思政价值需要以动态的形式外显，这就需要设计赋予受教育者实然之态以应然意义的教学活动，与知识传授串联共同指引受教育者在课程思政教学中体悟善的感召力，推动学生持守专业初心、勇担专业使命。在知识传授过程中体现专业课程使命的同时，要更加凸显课程思政的价值引领，确保各类课程与思政课程同向同行，落实立德树人根本任务。因此，将善的价值标尺嵌入知识传授过程之中是满足课程思政教学价值效用的逻辑必然。在专业课知识传授过程中潜移默化地输入思政元素，激发课程思政对教育对象潜移默化的精神感召力，以此实现课程思政教学内涵与外延的有机融合。

（三）在能力培养过程中凸显感染力

将专业课教学与"相"结合，是课程思政教学合目的性的生动再现。马克思指出：动物只是按照它所属的那个种的尺度和需要来建造，而人却懂得按照任何一个种的尺度来进行生产，并且懂得怎样处处都把内在尺度运用到对象上去；因此，人也是按照美的规律来创造。这一论述指明了人是按照自身的"内在的尺度"来进行创造的，能够按照自己以外的任何一种事物的尺度进行生产。在课程思政教学过程中，亦是将人的价值尺度运用到教育对象，实现教育对象由实然样态向应然状态的转化。这也就说明在能力培养中按照美的尺度进行教学设计，实则就是呈现课程思政与思政课程致力于追求的人的应然样态。课程思政与思政课程的价值归宿在于立德树人，这就意味着要将价值观寓于知识传授与能力培养过程中，通过一定的教学手段呈现教育所要求的人的应然样态。因此，将美的理念贯穿于学生能力培养过程中，是学生审美力养成的关键，更是课程思政教学设计的应然追求。

四、专业教育课程思政教学设计的内容

深入梳理专业课教学内容，结合不同课程特点、思维方法和价值理念，深入挖掘思政元素，有机融入课程教学，达到润物无声的育人效果。课程思政教学的内容如何、资源怎样，决定着课程思政教学的质量和成效。依托专业课程的载体，打造符合学生思想发展规律和成长发展需求且起到价值引领作用的课程思政教学内容供给体系，是做好课程思政的关键之策。

（一）科学设计专业教育课程思政

明确"挖掘什么样的资源"是科学设计课程思政教学内容的逻辑起点。各门学科各类课程中都蕴含着丰富的思政元素，但这些思政资源并非直接显露于课程内容之中，需要专

业课教师判断资源的合理性并对其隐含的思想价值和精神内核进行提炼和加工，确保教学资源在课程思政教学过程中运用自如、实现逻辑自洽。课程思政教学体系设计的关键在于教学内容的优化与生产，这就表明要明确挖掘什么样的教学资源，才能更好地契合课程思政的教学目标。课程思政教学能否有效承载主流意识形态引导的价值理念，是课程思政目标能否实现的逻辑起点。所以要厘清所需教学资源与学生既有知识结构以及现实生活的内在关联，挖掘符合当前社会主流意识形态和社会主义核心价值观的教学元素，围绕学生进行学情分析和内容设计，发挥课程思政教学的价值引领作用。与此同时，课程思政教学资源的摄取需要在共性提炼基础上进行个性化设计，这就需要遵循专业课程的内在规律与基本特点，挖掘符合专业课程定位的思政素材，确保专业课程的育人导向。更重要的是，在课程思政教学过程中，要以问题与主义相结合为逻辑主线对教学资源进行深入挖掘和合理编排。

（二）明确专业教育课程思政教学设计的内容

明辨"基因式融合的限度"是精准把脉课程思政教学内容的科学要领。课程思政与思政课程虽然目标一致，但侧重点不同。在此过程中应当厘清二者的功能优势，明晰课程思政教学的边界。同时找准专业课程与思政元素融合的合理尺度，构建两者融合的可为空间，防止出现课堂教学偏差。

这就需要把握课程思政资源与专业课教学的匹配度，避免思想政治教育"窄化"和"泛化"。课程思政与思政课程有着思想政治教育发展所需要的内在基因，这就要考察所挖掘的思政元素是否能为课程思政教学所用，科学审视资源挖掘的价值性和科学性，防止出现专业课程"思政化"以及思政课程"形式化"的现象。同时需要把握课程思政资源与专业课教学的耦合度，确保思政元素与课程思政教学的价值观相融，避免强行植入和机械融合，防止专业课程与思政元素的融合出现"两张皮"现象。因此，需要找准思政元素与专业课程教学内容设计的切入点，检视融合误差，科学制定设计标准以实现二者的有机联合，增强思想政治教育的针对性。此外，还需要判断思政元素与专业课教学的互洽性，验证分析其是否与课程思政教学实践相契合，防止出现专业课程与思政元素"融入不足"和"过度引导"。这就要求在课程思政教学内容设计中科学判断思政元素是否符合专业课程建设的特点，以及是否在专业课程教学中起到价值引领作用。

（三）构建专业教育课程思政教学设计的内容

明晰"如何实现有机融入"是有力构建课程思政教学内容的点睛之笔。这一环节关乎课程思政教学是否有所作为，能否做出成效。实现专业课与思政元素的基因式融合，是科学构建课程思政教学内容的重中之重，亦是思想政治教育供给侧与学生需求侧达到平衡的重要支点。育人过程的整体性是思想政治教育整体性思维的根本。为此，要对公共基础课程、专业课程以及实践类课程进行整体设计，结合课程建设规律进行课程思政教学资源的系统架构。要不断加强课程思政教学的顶层设计，明确课程思政教学内容设计的基础性框架，梳理出课程思政教学的层次性、衔接性和进阶性问题，形成课程思政教学指南和实践规范，为专业课教学与思政元素的有机融合提供基本遵循。在务实完成课程思政教学内容设计的规定动作之余，创新完成课程思政教学内容融入的自选动作。即在教学内容设计的框架基础上，以其为圆心科学设计符合各类课程建设特点的具体化实施思路，以及制定符合各学科背景学生成长发展需要的个性化价值引领路线图，以实现课堂教学的针对性。课程思政教学过程中最为关键、最为核心的要素是教师，教师的课程思政建设意识以及教学的把控力是课程思政教学内容设计的中枢神经。然而，并非所有的专业课教师都能胜任专业课教学与思政元素融合的教学之道。这就表明，在课程思政教学过程中，要塑造专业课教师的课程思政意识，提升教师的德育意识与德育能力要双管齐下，以此助力课程思政教学内容设计的精准定位。

五、专业教育课程思政教学设计的创新方法

由于课程思政教学的潜隐性以及人的思想系统的复杂性和社会环境影响的冗杂性，单一的教学方法和单向度的教育手段往往受到局限，而必须采用综合施治、联合使用的教育手段，坚持显隐并存、刚柔相济和漫灌与精滴相结合方能形成思想政治教育合力。因此，在现代化信息技术融合下实现方法手段的创新升级，是精准实施课程思政教学，完成课程思政教学目标的重要一环。

（一）创新专业教育课程思政教学设计基调

显性与隐性共存是创新升级课程思政教学手段的总基调。课程思政教学体系承载着思想政治教育的价值引领功能，往往呈现出多样化形态，这也表明课程思政贯穿着思想政治教育隐性化、融合性的设计思路，有其内在的价值属性和政治特性。尽管各类课程的价值涵容度不同，但各自的育人目标一致。在思政课坚持显性教育与隐性教育相统一的要求下，本身具有隐性特征的课程思政教学依然需要以显性与隐性并存的方式，对课堂教学手段进行提质升级。显性教育通过隐性教育之法达到教学目的，隐性教育通过融合于显性教

育互动过程之中反哺教学效果。为此，应当处理好课程思政教学方法中显性与隐性两者之间内在的逻辑关联，使其在渗透中相互转化，在运用中相互补给，从而更好地拓展课程思政教学空间。同时，各门学科各类课程由于内含的思政元素不同，以及各学科背景的学生的理论需求不同，需要根据思政元素的精神内核，有针对性地设计出符合专业课程建设特点的行之有效且逻辑自洽的内隐式教学手段和外显式教学方法。唯有将显性之法与隐性之道联合使用，才能使思政元素如盐般溶于课程教学的水中，取得虽春风化雨无声但立德树人有道的育人效果。

（二）创新专业教育课程思政教学设计手段的总推手

刚性与柔性相济是创新升级课程思政教学手段的总推手。"刚柔相推，变在其中焉。"（《周易·系辞下》）。刚与柔虽泾渭分明，但并非南辕北辙，实则二者相依相存。情感作为非理性力量，具有其他因素不可比拟的催化和调节作用。课程思政教学采用刚柔相济的综合教育手段，不仅可以激发师生的情感力量，为课堂教学集聚合力；同时可以使课程思政教学张弛有度，在保证专业课程特色的基础上实现价值引领，增强思想政治教育亲和力。究其根本，课程思政是思政课程的内隐式存在，即运用一种更为柔性的教育方法进行价值引领。然而，课程思政在赋予知识传授类课程价值引领和思想政治教育效用的同时，必须拿捏好柔性管理和刚性约束融合推进的平衡限度。不言而喻，这也是课程思政教学方法创新升级过程中的重点和难点。这就需要课程思政教学在稳步推进与活力彰显之间采取刚柔相推、软硬兼施的综合手段，解决思想政治教育治标不治本的现实难题，从而避免"说教式教学"和"刚性思政"现象的发生，进而释放思政元素的积极效能。

（三）创新专业教育课程思政教学设计手段的总要求

漫灌与精滴相依是创新升级课程思政教学手段的总要求。如何精准融合思政元素，使专业课也有思政味，这就需要用精准化思维引领课程思政教学的方法创新，探索出一条漫灌与精滴相融合的教学之道。同时还需要对各类课程与思政元素融合做出精细化部署和具体化安排，找准课程思政教学的生长点。单一模式的大水漫灌容易导致课程思政教学供需错位，形成思想洼地。而形单影只式的精准滴灌在一定程度上容易导致课程思政教学供需缺位，形成孤岛效应。要坚持以满足学生内在需求为导向，对各类课程的思政元素进行精细化设计，明确课程思政教学的路线图，确保各类课程蕴含的思政元素能够符合学生需求，从而使得大水漫灌与精准滴灌相得益彰，做到共性与个性的统一，实现课程思政教学的供需平衡。整体而言，课程思政教学不仅要有理论阐释的整体性规范，更要注重价值引领的个性化设计。这就要求课程思政要以学生的思想实际和内在需求为立足点，以问题与主义为逻辑主线展开课堂教学，既要有总体意义上的大水漫灌，又要有因人而异的精准滴灌。这也是解决课程思政教学供需矛盾，实现教与学供需匹配的核心要义。因此，要精准把握融合限度，引导专业课程与思政元素在漫灌与滴灌的融合中完成课程思政教学目标，帮助专业课教师找准教学定位，讲出课程思政特色，切实提高思想政治教育的针对性和实效性。

六、完善专业教育课程思政教学设计评价体系

课程思政教学考核和评价的价值归宿不在于评判，而在于解决问题，以实现教学目标的最优化和教学效果的最大化。课程思政建设的最终受益者是广大学生，因此，要以人才培养效果为基本遵循，开展课程思政教学的主体性评价、过程性评价和绩效性评价，以此实现课程思政教学可评价、进考核和常督查，进而对课程思政教学质量评价做出整体性规划。

（一）科学开展专业教育的主体性评价

专业课教师是开展课程思政教学的主要实施者，更是决定课堂主渠道是否起到价值引领作用的关键性因素。因此，有必要对专业课教师进行主体性评价，以此检视课程思政教学效果。并非所有的专业课教师都有课程思政教学的胜任力，这就需要对专业课教师的教学素养进行定性分析。通过教学设计检视专业课教师的思想与行为，考察他们能否对学生进行正确的价值引领，这是对教师主体性评价的基础前提。同时，对专业课教师的课程思政建设意识进行权衡考量，通过教学内容对专业课教师的课程思政意识进行定性分析，对专业课教师是否积极参与课程思政建设进行定量分析，以此检验课程思政教学的准备环节是否出现断档和错位。课程思政教学效果的呈现不仅取决于专业课教师的课程思政建设意识，更取决于教师的课程思政教学能力。教师对教学资源的创造性转化能力和创新性发展思维是决定课程思政教学成效大小的重要指标。这就需要对专业课教师课程思政建设意识和能力进行综合考核与整体评价，对标检视专业课教师作为关键要素是否发挥教学最大增量，从而析出教学误差实行主体问责，促进专业课教师在课程思政教学中实现主观与客观的有机统一。

（二）精准实施专业教育的过程性评价

课程思政教学过程包含各种要素，有其内在的实施规律。教学过程在课程思政教学

中起到枢纽作用，若发生阻滞则教学效能将无法释放。这就需要科学评判课程思政具体实施过程中思政元素是否挖掘充分、提炼得当，从教学观点中分析课程思政元素是否有效承载主流意识形态引导价值，结合专业课程教学目标判断课程思政元素是否符合课程特点，依据教学活动检验课程思政元素是否满足学生成长发展需要。此外，还需要评判课程思政元素是否与时俱进。现代化信息技术为课程思政教学提供机遇和挑战，这就需要精准识别课程思政元素是否与时代发展相契合。对于课程思政教学的过程性评价，关键点在于专业课程与思政元素是否做到了基因式融合。这就需要通过教学过程中学生的知识习得以及社会实践来验证课程思政教学的融入度。同时设计相关指标考察课程思政教学对学生的影响度，检验课堂教学是否起到了价值引领作用，以此剖析课程思政教学的育人效果。

（三）健全专业教育的绩效性评价

绩效性评价是对过程性评价的对标检视，两者在课程思政教学评价中相互补给，合力检验课程思政教学成效。有效发挥绩效考核的指挥棒作用，需要把效能、效率、满意度和可持续性指标纳入课程思政教学质量评价环节。课程思政元素是否发挥效能是衡量课程思政教学成效的前提条件，课程思政教学方法是否有效是检验课程思政教学成效的现实基础，学生对课程思政教学的满意度和获得感是课程思政教学成效的检验标准，而课程思政教学的可持续性发展则是课程思政建设的价值归宿。四个指标蕴含着不同的价值理念，层层递进贯穿于课程思政教学全过程，为课程思政教学质量评价提供指标参考和价值依循，构成了课程思政教学的绩效性评价。同时，需要对课程思政教学建章立制，把专业课教师参与课程思政建设情况和教学效果作为教师考核评价、评优奖励和教学培训的重要内容。确立课程思政教学过程性监督机制和效果反馈机制，对课程思政教学进行整体评价，从而形成科学有序的课程思政教学质量评价体系，以此反哺课程思政教学全过程。

第五章

高校课程思政体系的发展趋势及实践路径

第一节　高校课程思政育人体系的发展趋势

一、坚持中国特色社会主义教学方向

（一）社会主义核心价值观引领课程思政建设的方向

意识形态教育合目的性与合规律性的辩证统一。马克思从实践维度把"合目的性"规定为"把内在的尺度运用于对象"，即"人的活动的合目的性"是指作为主体的人从自身内在尺度，从生存和发展需要出发，从事符合人的目的和需要的生产活动；将"合规律性"规定作为实践主体的人在认识和把握事物客观规律的基础上，自觉遵循客观规律从事实践活动，以达到预期目的，将理想客体转化为客观现实。从根本层面分析，社会主义核心价值观引领课程思政建设，要求课程思政的目标、内容与教育对象、客观实际、发展要求相符合，促进教育过程、方式和效果体现意识形态教育的方向性和目的性；满足党的意识形态教育要求和广大青年全面成才的双重需要，顺应社会历史发展规律和现实要求，体现合目的性与合规律性的辩证统一。

1. 价值观念与价值实践的辩证统一

作为观念形态的社会主义核心价值观具有价值规范效能，能够成为整个社会的普遍价值准则，成为广大社会成员的价值实践。价值实践要求实践主体在实践过程中积极探索人生价值，通过自我调整达到自我实现与自我超越，自觉地将为实现人的自由全面发展而奋斗终生作为终极价值目标。社会主义核心价值观引领课程思政建设，需要价值观念与时俱进、符合价值实践的发展要求；需要结合实际，体现说服力、感染力与先进性。教育实践依据价值理念的指导，使教育对象自觉运用科学的世界观、方法论进行判断，明辨笃实。

基于二者的辩证统一，转化为实践主体的价值观念，成为实践主体践行主流价值观的精神动力，通过理论思维、理论创新和理论武装，适应社会发展实践要求，实现课程思政建设中价值观念与价值实践的辩证统一。

2. 教育者主导性与受教育者主体性的辩证统一

课程思政注重教育主体性培育，强调以人为本理念在教育领域的延伸与应用；把教育对象置于自然和社会的总体性教育环境来考察与探讨人的存在本质，追求人的主体性复归；强调人的主观能动性，注重人的发展和社会发展相互连接、相互促进。基于此，社会主义核心价值观引领课程思政，并不是单纯的单向关系，而是教育者和教育对象两者之间相互影响、相互作用。需要教育者发挥主导作用，引导和激发教育对象在教育环节中发挥主体性作用，将被动学习转变为主动学习。通过发挥价值观教育的导向作用，推动"实然我"发展为"应然我"，符合人的自由全面发展的教育追求。因此，对作为生命个体的教育对象的自然生命、社会生命和精神生命给予关注，对教育对象在自然与社会、实践与进步、现实与未来境遇方面给予关注，从而实现教育对象的自由全面发展。

（二）社会主义核心价值观引领课程思政建设的意义

新媒体时代，各种非主流价值观利用互联网来吸引大学生的眼球，众多低俗、泛娱乐化的信息充斥着大学生的生活，这渐渐影响了鉴别能力、自控能力尚未完全成熟的大学生的理想信念和价值判断，导致大学生的价值观出现嬗变。面对当今国际环境复杂多变和社会思潮多元化的形势，加强大学生思想引领和社会主义核心价值观的教育是实施人才强国战略的关键，即大学生积极培育和践行社会主义核心价值观，对实现中华民族伟大复兴和实现中国梦具有重要的现实意义。从国家层面来看，贯彻落实社会主义核心价值观能够促进国家精神文明建设，促进人才强国战略的实施；从学校层面来看，进行社会主义核心价值观教育，有利于校园精神文明建设；从大学生个人层面来看，学习社会主义核心价值观，能够树立正确的价值取向，从内心感知和认同社会主义核心价值观对自身价值观引导的靶向作用，从而在个人决策中做出正确合理的价值选择。

（三）社会主义核心价值观引领课程思政建设的现状

高校大学生正处在个体发展的初步成熟阶段，在成长过程中形成了较为稳定的态度结构，既不像幼儿那样易于改变思想观念，也不像成年个体一样很难接纳新观念、新思想。所以对大学生进行正确价值观的培育和引导，既十分必要又存在困难。在尊重大学生个性化价值选择的同时，高校需要积极引导大学生的价值观朝着主流方向发展，吸收和继承中华优秀传统文化中优良的道德品质，形成正确的个人价值取向。目前，在党中央的高度重视下，各高校纷纷以"硬设施"建设和"软氛围"营造来满足价值观教育的基本要求，并借此构建良好的校园风气，使校园精神文明深入人心。但是，我国高校普遍缺少专门的价值观教育课程，价值观教育从内容到方法都比较模糊，更多地蕴涵在思政教育当中。在教学组织形式上，价值观教育方法较为传统、教育载体单一，通常采用校园媒体宣传、校园文化活动和思政课等形式，并不能引发学生共鸣，实际效果也不理想。换言之，高校主要依靠思政课教师进行价值观教育，忽略了非思政课教师在传播价值观过程中应承担的责任，没有形成协同育人效应。同时，在网络资源共享的今天，每个人都可以发声、表达观点，但受到高校大学生追捧的各种网络文化存在不少问题，导致很多大学生产生厌学、自卑、攀比、自私、拜金、不劳而获等不良心理。

另外，在流量为王的现实下，一些媒体平台迫于竞争压力，在一些热点事件的宣传上缺乏客观思考和求证，盲目转发某些具有影响力的文章来吸引流量，使得价值观尚未完全成熟的大学生盲目跟从，这给高校社会主义核心价值观教育工作带来了挑战。

1. 教育观念滞后

很多高校教育观念滞后，在口号上积极倡导"专业课程要和思想政治理论课同向而行"，但在思想上却过度依赖思政教育，对学生的价值观引导和德育更强调发挥思政课教师的重要作用，期望依靠思政课完成对大学生社会主义核心价值观的引领和培育，导致思政课"单打独斗"，并未与各类专业课实现有效衔接。

同时，一些高校存在思政课教师业务不精、专业课教师思政知识储备不足等问题，教师在课堂上对于思政理论及社会主义核心价值观的内容不会讲、不敢讲、不愿讲，在生活上又与学生鲜少接触，不能获得学生的认同，从而对学生的人生品格引导和正确价值取向树立助益不大。

2. 价值观教育载体单一

高校现有的价值观教育多采用第二课堂的形式，如辩论会、报告会、学习政策文件等，方式单纯、载体单一，既与大学生的日常生活缺少联结，也没有与第一课堂有机互动，学生很难产生参与感。以第二课堂为社会主义核心价值观传播的主要形式在新媒体的冲击下可能偏离教育目标，致使教育效果被削弱。

同时，大学生已经具备独立人格，单一知识"灌输"很难调动其积极性。此外，高校社会主义核心价值观教育出现"唯知识论"，内容枯燥乏味、道理空洞，学生主动学习的兴趣不高，抱着"听天书"的态度应付，缺乏情感认同和体验，这使得价值观教育没有发挥应有的功效。

3. 课程思政水平有限

在教育教学改革开展得如火如荼的形势下，很多高校确实对教学方法及内容进行了思考创新，但是对于如何更好地践行课程思政及实现"三全育人"显得力不从心。

一方面，多数教师存在认识不到位的情况，认为专业课主要是为大学生传授理论知识和技术技能，默认学生的思想政治教育是思政课和思政教师的专项任务，所以并未将思政内容考虑到专业课程的教学设计当中，这使得学生接受专业教育时不能同步接受思想政治教育的洗礼，进而导致专业课对学生树立正确价值观的影响微乎其微。

课程思政需要教师将专业课与思政课有机结合，如果缺乏适当的教育情境，不仅会出现专业课、思政课"两张皮"的现象，同时也会让价值观教育变得空洞无意义。很多教师虽然能认识到课程思政的重要性，但因水平有限，不擅长从专业课程中挖掘思政元素，找不到学科知识与思政内容尤其是社会主义核心价值观教育的契合点，只能生搬硬套地从网络上寻找一些具有中国元素的案例配合讲解，这使得价值观教育浮于表面，社会主义核心价值观教育在课堂上也并未真正落到实处。

4. 价值观教育缺乏全过程评价管控机制

当代高校大学生受到一些青年文化中消极因素的影响，在学业和生活中常常表现出失范行为，与国家对青年人提出的要求有一定差距。一些大学生虽然在组织上入了党，可思想上却达不到标准，过分追求自我，入党动机呈现盲目化和功利化，在生活中对时政热点漠不关心、对国家政策充耳不闻、对党史党章的学习毫不在意，更有甚者，实际言行与伦理道德相违背，而学校对其行为与价值取向却缺乏必要的监督及考核评价。同时，因为我国高校在社会主义核心价值观教育的顶层设计上缺乏全过程评价和管控机制，价值观教育普遍由思政课代劳，专业课教师鲜少参与且发力不足，再加上很多高校并未将思政教育真正融入人才培养方案、教学大纲及每一章节的教学设计要求中，导致专业课教师未履行价值观教育的应有之义，课堂也没有发挥价值引领的主阵地作用，学生受到的指导非常有限，所以思政课及第二课堂形成的一些成果最终被逐渐淡化，由此增加了对大学生价值观引导的难度。

（四）社会主义核心价值观引领课程思政建设的实践

1. 实践"三域融合"

统筹"教师视域"和"学生视域"，形成双向内驱力。坚持知识性与价值性有机多维融合，推进课程思政与国家高势位价值观的价值理念、教育功能、实践精神相契合。显性教育与隐性教育联动，突破教育主体间壁垒，构筑全员全过程、全方位、立德树人高格局大视野，形成"大思政"长效育人新范式。通过沉浸式体验融入"体验视域"。"体验视域"促进情景渗透，与"教师视域""学生视域"实现三域融合，统筹教师主导与学生主体的协同，增强学生对社会主义核心价值观的感知领悟意识与履行践诺能力。

2. 强化师生互动

注重诠释方式的多样性，实现一维认知向三维互动认知转变。科学调整配置课程思政的资源供给，厘清原理，关注前沿性、时代性研究成果，增加研究性、创新性、综合性教学内容，扩展教学的广度和深度。坚持真理，坚持马克思主义指导地位，用科学理论指引实践。探索道理，用社会主义核心价值观厚植理想信念，通过知识价值化实现价值观认知认同向践诺践行转变。注重诠释应用的群体性，实现文本式学习与生成式学习相融合。掌握学情特性，将优势课程思政资源与创新要素有效汇聚，横向贯通、纵向延伸，一体化推进课程思政整体规划与立体设计；充分释放社会主义核心价值观所内蕴的资源活力及作用机理，启发教育对象，将主流价值观转化为内在精神价值追求与外在自觉实践行为。

3. 紧贴专业实践

拓宽价值取向融入渠道。坚持学生中心、产出导向，使教育对象理想信念更加刚毅坚贞，推行"贴近、结合、兼顾"的探索式实践。"贴近"即思政元素贴近生活实际，强化教育教学的导向性、思想性和教育性功能，从高势位价值观层面使理论联系实际、活化教学过程、提高教学实效性。"结合"即实现课程思政与社会发展所要求的素质、能力、知识紧密结合，着眼于知识价值与社会需求的结合，使专业性的知识体系向社会化的知识价值转化，探索出共享型课程思政新思路。"兼顾"即以共性为主，兼顾个性，注重思政元素的多层次和多元化，积极营造灵活、自主、开放的价值观培育场域。

4. 推进任务驱动

分类确定知识传授与价值导向高度融合的教学内容。深入梳理文史哲、经管法、教育学、理工农医以及艺术等各类专业课程教学内容，凸显高阶性和前沿性，结合专业特色，有机融入社会主义核心价值观思政共同元素或关键要素，符合学生的认知特点，实现教材内容精选向课堂教学体系转化。通过任务驱动，使教学任务外推力与培育学习内驱力相结合、阶段式任务环节与针对性教学方法相结合，让学生在情景体验中有思有悟。前任务环节激发学生学习兴趣和主动性，后任务环节培养学生思辨能力、创新能力、批判思维，实现理论知识、道德情感、道德意向的知情意统一。

5. 健全评价体系

细化过程性考核。将人才培养效果作为首要评价标准，通过知识型考核与能力型考核相结合、文本型考核与实践型考核相结合、教师评价组间互评与组员互评相结合，将价值观要素渗透到教育教学的每一个环节。强化多维综合考核。体现认知、能力、素质等方面的区分度，对公共课、专业课、实践课应实行差别考核，构建智慧生成、主体协同、自由与纪律平衡、学习过程与教育节奏契合的教育教学考评。

6. 强化技术保障

建立多元式、沉浸式"教学阵地"。坚持问题导向，从学生的多重情感需求和发展要求出发，创新运用媒体技术，形成新媒体教学手段支持、互联网丰富教学资源支持、立体化共享资源库教学工具支持、线下与线上相结合的混合式课程模式。推进优质资源共建共享，创新网络虚拟实践，实现线上与线下协同、理论与实践协同，坚守课程思政的网络阵地，实现"时间、空间、人间"三突破。

二、发展以人为本的教育思想

人本理念早在春秋战国时期就已萌芽，随着时代的变迁和发展，"以人为本"理念很快被学者引用到思想政治教育领域，并经过长年的研究和积淀形成了丰硕的研究成果。面对新时代思政课课堂的教学，我们更要坚守"以人为本"的信念和初心。

（一）以人为本理念的具体内涵及意义

"以人为本"通俗来讲就是把人放在中心，其目标在于发展人、培育人。展开来讲，就是不仅要满足人的自然需要，而且要在切实保证其作为人的民主权利的基础上，充分实现作为人的社会需要。在高校思政课改革创新中，了解学生对改革创新的想法，关注其改革创新的现实需求，对这一理念的推动具有重要意义。而这一理念的推进有两方面的优势：其一，促进高校思政课更好地被学生所理解；其二，对学生心理及其生理成熟方面有极大的促进作用，也是当代社会的现实所趋。在高校，教育对象是可塑性极强的群体，他们的"三观"还在塑造中，我们应抓住机会，认真引导他们向着社会主义发展的大方向迈进。

1. 高校以人为本教育理念下的思想政治教育机制分析

在以人为本的教育理念下，高校的思想政治教育机制不仅仅要从大学生的综合能力和素质培养方面着手，还要不断更新高校以及教师的教育管理观念，重视学生在高校思想政治教育中的主体性地位，将以人为本的教育理念充分地贯彻到教学与管理工作当中去，以学生为中心来开展多样化的管理活动和教学活动，并重视学生的个性化需求，不断鼓励和培养大学生，设计一些有意义的教育、教学活动来践行以人为本的教育理念和原则。

高校以人为本教育理念下的思想政治教育机制主要都是围绕学生的生活实际来践行的，这也是高校思想政治教育工作的要求和基本标准。在高校以人为本的教育体制中，高校的教师首先要对高校的整体教育形式和教育环境进行全面的分析和把握，对大学生给予深入的关心，以及对大学生的特征进行深入的了解和掌握，从学生实际情况出发，积极地帮助大学生解决生活和学习中可能遇到的问题。此外，每个大学生的成长环境都不同，生活与发展的地域条件也不同，那么在对大学生进行思想政治教育时，就要深入贯彻以人为本的教育理念，有计划、分层次地开展思想政治教育工作，不断提高大学生的思想政治素质和科学文化水平。

2. 高校以人为本教育理念下思想政治教育的重要性

学生是高校管理和教育的主体与目标。在对学生进行思想政治教育工作时，高校的所有教学活动和管理活动都是围绕学生来开展的。因此，贯彻和落实以人为本的教育理念，是提升高校教学效率、教学质量、管理效率、管理质量的重要方法和途径。通过以学生为中心，开展高校思想政治教育工作，与学生保持密切的联系，多与学生沟通和交流，了解学生在学习和生活中遇到的各类问题和困难，使高校能够有计划、有方向地帮助和引导学生积极地解决问题，化解学生的消极情绪和不良思想，纠正学生的错误思想和观念，引导和帮助大学生树立正确的人生价值观念。通过运用和贯彻以人为本的教育理念，使高校的思想政治教育工作得到更好的开展，更能够有效地提升高校思想政治教育的工作效率，引导高校大学生以积极乐观的心态以及奋发昂扬的斗志去学习和生活。

此外，高校大学生是国家重要的人才资源，也是振兴我大中华的后备力量。国家非常重视对大学生的思想政治教育工作，并积极指导高校对大学生进行有效的思政教育，不断提升大学生的思想政治素质，将大学生培养成对国家有用的人才。这是我国人才强国战略的重要内容，也是提升我国国际竞争实力的重要途径，对于我国小康社会的建设以及社会主义现代化目标的实现都有着非常重要的意义。由此可见，基于以人为本的教育理念来开展高校的思想政治教育工作，对于高校以及大学生来说是非常重要且高效的。

（二）高校思政课教学中"以人为本"的现状

在学科教学过程中，我们一直以"立德树人"为理念，而高校思政课是践行"立德树人"理念的主体；因此，思政课不仅要注重"以人为本"的价值理念，更要彰显对"学生"的尊重与关爱。但是，教学过程中主客体二分模式与信息技术的部分不当使用等因素，在一定程度上造成了思政课课堂教学缺乏"以人为本"。

1. 思政课堂采用"主客体二分模式"

主客体二分是一种形而上学的哲学观，在教学中主要表现为：教师的主导地位不可动摇，学生是教育附属品。受教育者的主体意识被弱化，处于"见物不见人"的教学状态。因此，只有深刻理解"以人为本"的含义，学校的思政课堂才能不偏离正确的方向。当下，在高校思政课教学过程中，主客体二分模式仍然是教学的主要模式。"单向灌输"是主客体二分模式的表现形式之一，其导致课堂枯燥乏味，不利于思政课发挥价值引导的作用。其危害如下。

第一，学生的主动性难以体现。教师只注重自我独白，完成教学任务，未能达到教师与学生之间的平等对话，无法真正贴近学生的内心，引起共鸣，很难实现深层次的价值引领。

第二，忽视学生个性化发展。广大教师惯用统一要求去约束学生，忽视了学生作为独特个体的差异性。"以人为本"要求高校思政课突破主客体二分模式，关照不同学生的不同特点。

第三，过于突出教师的主体作用。主客体二分模式往往突出一个主体的作用，而忽视另一主体的作用，使整个课堂缺乏生机，不利于"以人为本"教育理念的落实。思政课必须转换教育理念和话语方式，由"教师主体"向"以人为本"、从"知识独白"向"知识对话"转变。

2. 思政课堂的"技术过热"

思政课是高校教育环节的重要一环，其发展、建设都备受瞩目。高校在切实推进思想政治理论课改革创新发展方面，已取得一定的研究和实践成果，但也存在一些问题。部分高校未将思想政治理论课改落到实处，具体体现在形式上随波逐流、内容上更机械等。

一方面，在信息化过程中，课堂更规范，但教学更机械，在一定程度上压抑了学生的情感表达。另一方面，信息化技术虽然打破了教学的时空限制，但课堂上的互动频率也大打折扣。新时代思政课坚持"以人为本"，即教师的"教"要关注"以人为本"，学生的"学"更要关注"以人为本"。

面对"技术过热"问题，教师应多加以引导，帮助学生掌握正确运用互联网学习思政课的方法。

3.思政课堂中教学观念的把握

教学观念的改变，既有利于思想政治理论课教学实效性的提升，也有利于"立德树人"的落实。"以人为本"的教育理念要求教师要有"育人情怀"。古人云："经师易求，人师难求。"思政课教师要讲清楚理论，也要针对学生的个体差异教学。思政课教师做的是传播理论、传达思想、塑造灵魂的工作，这要求思政课教育不仅重于"教"，更要重于"育"。由于思想政治理论课较为晦涩，教师教育观念没有创新，教学内容以书本为参照、教学方式以教师为主导，这样学生很容易产生厌学情绪。

要高效地实现课程目标，重点是贴近其生活实际，满足学生理论及兴趣需求，难点是其解决学生的问题。问题的解决有赖于教师教学观念与方式的转变，即从"教师主导"变成"双主导"，充分肯定学生的价值。虽然教师的教育观念影响思政课实效性，但"以人为本"的教育观念能提高思政课的实效性。

4.思政课堂中教学内容的选择

开展教学活动，应关注学生的现实需求，以身边的实例为素材。教学是实现高校思政课目标的主要形式，如果使用得当，将极大强化"以人为本"教学理念在思政领域的指导作用。而传统教育内容偏重书本知识，材料更新慢，脱离学生的实际，缺乏新意，缺乏"以人为本"的编写理念。

因此，思政课在严格把控质量关的同时，应适当添加趣味性，关注学生的兴趣点，从学生本位出发，尊重学生对教育内容的选择。"兴趣是最好的老师"，找准学生的兴趣点，也是坚持"以人为本"的重大突破。无论是传统课堂的"主客体二分模式"，还是"网络技术过热"等，都可能造成课堂教学忽视主体、导向偏差等不良后果。相较于其他的学科，思政课教学的预期目的是从知识的授予到思想的升华，在当前形势下，改革创新需要反思，变"单向灌输"为"启发教学"、从"教师独白"到"师生对话"，用"以人为本"引领思政课程教学，是新时代思政课改革创新的必由之路。

（三）思政课教育改革创新需要"以人为本"

在高校中，大学生就是学习的主体。只有重视学生，才能实现思政课教学的"以人为本"。高校思政课教学"以人为本"，就是让"学生"参与思政课堂教学的全过程。"以人为本"对促进学生形成良好的道德感和价值感有着重要的作用。

1.思政教育由"主客体二分模式"向"主体间性理论"转变

传统课堂常用的主客体二分模式已不适应当前教学的需要，这就促使我们用多项互动模式替换传统的单向教学模式。主体间性理论坚持多向互动，将教师和学生提升为主体，是对现行教学模式的全面革新。主体间性理论坚持"以人为本"的价值追求、以生活世界为内容基础、以实践交往为实现途径、以全面发展为终极目标。在"以人为本"的思想理念指导下，我们应转变教学方式，将思政课与其他学科联系起来，突出思政课的引导作用，发挥综合课程促进学生全面发展的优势。

此外，切勿用统一标准要求学生，每个学生都是不同的个体。新时代，我们更应多关注学生的全面发展，而不是片面发展。

2. 合理调动网络资源，正确处理"技术过热"问题

当今，网上授课已成为高校教学的形式之一，在网络大背景下，教育教学应综合运用其有利方面，将其转化为教学效能，更好地服务师生。可以将"以人为本"的教学理念与网络资源相结合，课堂素材可以从网络热点中选择，引导学生对其进行评析，形成学生对热点正确的判断力；综合运用线上线下的形式对学生进行思政教育，加强其自主学习能力，也要有针对性地监控，使其在合理范围内学习成长。考虑到网络的隐蔽性，我们还可以建立线上心理健康室，为学生排忧解难。不管是引导学生正确看待热点、综合运用平台促进学习，还是建立网络心理健康室，都体现着"以人为本"的教育理念。在"以人为本"的指导下，网络资源应从"关注事"向"关注人"转变。

3. 教师转变观念，强化"以人为本"

"以人为本"的育人理念影响着教师的教学理念，直接关系到教学内容的选择、教学方式的运用；也影响着教育的实效性。

首先，从师生实际需要出发，构建体现地区或者校本文化的教材和课程体系；其次，抓住课堂，立足课堂。课堂是教学平台，也是师生互动平台；最后，学生是思政课堂的重要参与者，对其主体性的肯定，是"以人为本"理念的彰显。教师应主动承担引导者、促进者的重任，积极促进学生理论学习，不断转变教学观念，完善自身思想品德建设，为社会主义建设事业输送高质量的时代新人。

三、秉承综合育人的教学理念

（一）教学目标应凸显立德树人目标

教学目标是高校根据国家教育方针，结合自身的办学目标、定位和任务对学生设定的培养方向、要求和标准。"把立德树人作为教育的根本任务，全面实施素质教育，培养德

智体美全面发展的社会主义建设者和接班人，努力办好人民满意的教育"，为课程思政的教学目标提供了方向和遵循。

对于教学目标来说，从大了说有学科、专业培养目标，往小了讲有课程、章节、课时的目标。因此，教学目标不仅仅关注某一课程或者某一课时的目标，而是应该从高处着手，树立学科观、专业观，并将其贯彻落实到课程观、课时观，使教学目标从上至下步步落实。但是这些目标不是完全相同的，而要加以区分。学科目标应着眼于学科建设与发展，并同时能照顾到学科交叉的部分，专业目标应立足于学科要求、市场要求，课程目标则应以专业培养为根据。

（二）教学计划应贯穿全面育人理念

教学计划是根据一定教育目标制订的教育教学工作的计划，服务于学校的办学定位和人才培养目标，决定各专业教育内容的整体方向和结构。在当前高校实行学科课程的大背景下，教学计划主要是学科计划，当然随着现代教育的改革，除了教学以外，社会实践、生产劳动也列入了教学计划中，因此教学计划涵盖了整个专业人才培养的各类课程，规定了不同课程类型相互结合的方式、课程开设的顺序及课时分配等。

教学计划中的课程体系，是根据专业学科知识体系和学生应具备的素质建构的。因此，课程思政要落实到具体的教育教学过程中，必须遵循教学规律。在设计教学计划时，应根据专业方向，梳理与融入各专业的思想政治教育要求，使思想政治教育成为一条线贯穿始终。同时也要将专业学习与社会实践、志愿服务、创新创业等相结合，使大学生在综合学习中受教育、长才干、作贡献。

（三）教学对象应加强主体性和主动性

在教学过程中，教学对象是学习的主体，只有充分调动教学对象的主体性和主动性，才能促进其学习能力的提升和学习目标的达成。

首先，教学对象在教学过程中有了主体意识，才能产生学习主动性，才能在学习中根据自身发展的需求、社会发展的需求和自身的知识水平，有目的、有计划、有选择地学习，并形成自我教育的能力，从而将思想政治道德等认知、观念、行为内化为自身的价值取向。因此，在高校课程思政教学中，必须要培养教学对象的思维能力，以及选择和判断的能力，形成基本的价值判断。

其次，要让教学对象带着社会责任感自觉接受课程中的思想政治教育。教与学都是带有很强目的性的活动，教学对象在学习中如果能获得强大的求知动机，就能释放出学习热情，还能产生积极的情绪和体验。因此在课程思政教学过程中，必须刻意将学习与教学对象相关联，一旦教学对象认识到他们从事的专业学习和未来职业方向同他自己的个人美好前途、伟大的政治抱负有密切的关系，就会把报效国家的社会责任感和实现个人前途的愿望变成求知动机，变成内驱动力。如果对教学对象没有采取计划性动机策略，就可能使本来有趣、有内涵的学科变得死气沉沉，所以教师要主动挖掘和利用学科本身的特点来激发教学对象的学习兴趣，使其拥有足够的能力促使自身形成求知的需求。

最后，要提高课程思想政治教育教学的可信度。当前教学对象对课程中融入思想政治教育有排斥感，甚至教师本人也有此感，主要原因就是教师或者教学对象对所融入的内容缺乏信任。在这种情况下，课程中融入的思想政治教育不仅起不到"润物细无声"的效果，反而变成了一种生硬的灌输，教学对象会对思想政治教育的内容产生"逆反心理"，这对教师的教学是一种极大的打击，教师也会教得很没信心，导致教学效果大打折扣。因此，教师要增加课程中进行思想政治教育的可信度，带头讲真话、讲真理，坚持实事求是，讲课的内容、举的例子、提供的教学资源都是真实的，让教学对象信服。同时也要用摆事实、讲道理和调查研究的教学方法，论证所说的真实性，克服教学对象认识中的片面性，从而提高高校课程思政教学的实效性。

（四）教学内容应充分挖掘课程资源

以各类课程为载体开展思想政治教育，大大扩展了思想政治教育的主阵地，从思想政治理论课的"单兵作战"到所有课程的"共种责任田"，其意义不言而喻。但是，在实施课程思政的过程中，要以课程本身的学科知识为支撑，避免生搬硬套。

任何一门课程都包含着丰富的思想政治教育资源。意识形态属性明显的人文哲学社会科学可以挖掘，这些学科课程中往往蕴含着丰富的人文精神，使学生将其内化为自身的知识学识、道德准则与人格修养，成为学生自身较为成熟的个人品质。意识形态属性不那么明显的自然科学同样也可以挖掘，科学先驱刻苦钻研的高尚德行、勇于探索的追求精神值得挖掘，人类对智慧与技术发展的坚持和追求值得挖掘，求实求真实践的精神传承值得挖掘，实现社会美好幸福生活的意义值得挖掘。因此，要充分利用有效资源，梳理出本课程中高大上、接地气的案例，辅之以适当的表现形式和学生乐于接受的话语体系，从小处入手，将正确的价值理念传达至学生的内心，引发学生思考与追寻，从而实现思想政治教育的"润物细无声"。

第二节　高校课程思政育人体系的实践路径

一、优化高校课程思政育人的环境

课程思政不仅涉及不同类型的课程，也涉及不同层次的主体。它的推进，并不是某一方的事情，而是多方共同的事情；不能仅靠一方的单薄之力，而是需要多方种好"责任田"，加强合作，协同配合。通过构造科学完备的思政育人制度生态环境，营造底蕴深厚的思政育人校园文化氛围，打造清朗健康的思政育人网络舆论生态，才能更好地推动课程思政育人工作落实、落细、落地生根，也才能更好地巩固课程思政育人长效，为实现第二个百年奋斗目标输送合格人才。

（一）制度生态环境

制度的健全与否对教师开展课程思政教学具有重大影响，主要表现为它会直接影响教师开展课程思政教学的稳定性和持久性。课程思政建设是一项长期性、系统性的工程，要真正使其落地落实，巩固和提升整体育人效果，需要高校从制度层面理顺关系，通过构造科学完备的思政育人制度，为教师开展课程思政教学提供便利和保障。打造科学完备的课程思政制度生态环境，巩固和提升课程思政育人效果。

1. 要加强课程思政育人队伍的培养培训机制建设

学校可以通过开展常态化、系统化的富有针对性和示范性的课程思政教学指导培训。譬如，专题讲座、精品课观摩等，并在培训过程中倡导"学习、对话、实践与反思"的原则要求，以具体的活动为载体深化育人队伍对课程思政教育理念的认知与认同，牢固育人队伍的课程思政意识，提升育人队伍的课程思政教学能力，推动其"各尽其责"，出色完成立德树人的时代使命。

2. 要加强课程思政育人队伍的协调沟通机制建设

学校可以通过定期召开课程思政的研讨会、沟通会等方式，加强思政课教师、专业课教师以及其他人员之间的信息交流、资源共享和经验互鉴，借力深度交流，打破"出力不合力、行动不联动、配合不融合"的不利于提升和巩固思政工作效果的发展窠臼，深化育人共识，实现优势叠加、协同育人的良好局面。

3. 要加强课程思政育人资源共享机制建设

共享不等于失去，而是为了更好地进步。实现高校课程思政育人资源的优势互补，提升和巩固高校育人成效，不仅要依靠校内共享，更要开展校际共享，高校可以通过定期举办教研互动、学术交流等活动，加强在课程思政育人队伍建设、教学内容、教学方法等方面的合作，集思广益，逐个击破课程思政难点，共同开辟课程思政育人新局面。

4. 要加强课程思政育人评价激励机制建设

高校可以通过设立科学有效的评价机制和监督机制对教师参与课程思政教学进行常态化调查、综合性评价和长期性监督，帮助教师及时自省和调控；可以通过设立课程思政专项经费，为教师开展课程思政教学活动和科研活动提供经费支持；可以通过组织教学竞赛选树典型活动，选出一批好老师、好课程进行推广，并对优秀的课程思政育人教师给予一定物质奖励和精神鼓励，让教师更有劲头、更有热情投入课程思政教学之中。

（二）校园文化氛围

环境是影响课程思政教学的又一重要因素，它不仅会对教师践行课程思政的教学理念造成影响，亦会对学生的成长产生影响。"人创造环境，同样环境也创造人"，良好的校园环境，对于学生的成长与发展起着非凡的作用。因此，巩固和提升课程思政的育人效果，需要高校优化实施课程思政教学的校园环境，营造底蕴深厚的思政育人氛围。

1. 加强富有文化内蕴的校园物质环境建设

总体来看，各院校可以依托本校特色因地制宜，合理规划、完善校园的硬件环境，以改善师生的教学与生活环境，满足师生对美好校园生活的需求和期待。

具体来讲，学校可以充分利用校园道路、人工湖、教学楼、宿舍等建筑景观，将育人因素融入其中，营造有特色的校园育人环境，实现"以无声胜有声"的育人效果。例如，将学校校训、历史文化名人刻在景观石上，发挥其在潜移默化中熏陶人、教化人的作用，最大限度发挥校园建筑和景观的审美功能和教育功能，让学生和教师在领略风景的同时接受文化的熏陶。

2. 特色校园文化建设

高校在加强富有文化内蕴的校园物质环境建设的基础上，也要进一步加强内容丰富的特色校园文化建设。结合学校办学理念，结合地域文化优势，结合重要时间节点，高校可以常态化开展适合传播思想、塑造灵魂的校园文化活动，通过挖掘典型、学习观摩、表彰先进等，增强教师实施课程思政的积极性，实现"学校要我干"到"我要主动干"的转变，形成"比学赶帮超"的浓厚氛围；通过"以小故事讲大情怀"的方式讲好校友故事、讲好师生自己的故事等，既在"经典的旧唱片"中寻找育人契机，也用时鲜故事浸润人心，为学生树立成长成才的标杆。

3. 加强课程思政交流与学习

推进课程思政建设，要始终坚持理论和实践相统一、思想和行动相统一。首先，在思想上转变观念，树立协同育人教学理念；其次，我们就要在实践上采取行动，努力搭建一个科学、高效、广阔的协同育人的交流平台，为广大教师群体提供锻炼和成长的空间、交流和互动的机会、展示和学习的平台。通过这个崭新的平台，教师相互学习、交流和借鉴，共同推动高校各类课程协同育人，促进高校课程思政发展建设。

（三）网络舆论环境

网络是对学生开展思想政治工作的重要阵地。"九零后""零零后"作为网络时代的"原住民"，对于他们而言，网络化生活是常态。因此，巩固和提升高校课程思政的育人实效，需要把握时代脉搏。这要求教师在站稳第一课堂主阵地的同时，也要充分利用网络课堂重要阵地；要求高校守好校园舆论主阵地，发挥好网络的育人功能；要求国家盘活网络媒体资源，发挥好网络的正向引导功能。在高校思想政治工作体系中，第一课堂，狭义的理解即思政课堂。然而，落细、落小、落实课程育人的目标，除思政理论课教师外，广大高校专任教师也有着举足轻重的地位。因此，第一课堂的内涵理应延伸至除了思政课堂以外的综合素养课堂以及专业教育课堂。网络课堂，是基于网络技术的发展而出现的一种教学组织形式。它是第一课堂在网络空间的延伸，其为新时代思想政治教育开辟了新领域，拓展了新手段。对于教师而言，充分利用网络课堂重要阵地，就必须在"灵魂深处闹革命"，摒弃落后单一的教学模式，采用创新的授课形式与方法，依托微信、网站等数字资源建立起交流互动平台，增强教学的时代感和吸引力，让教学"活"起来，学生"动"起来。

对于学校而言，发挥好网络的育人功能，就要把好校内媒体建设、管理、监督关，把好校内媒体内容采编、审核、发布关，实行专人管理，明确第一责任人，通过层层压实责任，为大学生提供优质的网络文化产品，传播主流价值。

1. 建立线上线下全方位的思想政治教育平台

随着新时代应用信息技术和互联网技术发展更加迅速，以及人们对于优质教育的追求，网络线上教育逐步走进人们的日常生活，这对于新时代高校思想政治教育工作提出了更多的新要求，由此，高校思想政治教育教学活动由线下教学向线上教育发展转变。线上教育以其特有的教学优势，打破了时间与空间的限制，能够为思政教学创设良好的教学情境，充分调动学生学习的主动性和能动性、激发学生的求知欲和认知欲，辅助高校思政课教师与通识课教师、专业课教师的课堂教学，为思想政治教育教学提供了便利。

学校应因事而化、因时而进、因势而新，着力构建线上线下全方位的思想政治教育平台，有效利用新媒体教学，通过打造线上网络思政课堂，实现传统课堂教学与线上"云课堂"教学的有效结合，弥补传统课堂教学的不足，拓宽课程育人主渠道。通过网络"云教学"与传统教学的有机结合，推动高校课程思政发展，推进形成"三全育人"的思政教育大格局。

建立线上线下思政教育平台，首先可以依托校园门户网站、各个学院网站以及微信公众号等，设立具有学院教学特色的思政教育栏目，通过拍摄宣传影片等方式利用网络媒体进行宣传教育，也可与其他平台合作打造"有声思政"等栏目，通过朗读经典、解析经典等方式，让学生体会马克思主义经典著作经久不衰的魅力。

其次可以依托腾讯会议、云课堂等线上教育平台，以及短视频平台，通过录制、转播线下课程等方式，实现线上线下课堂同步教学，打破空间、时间以及校际的限制，使高校师生可以通过线上思政教育平台实现无障碍沟通。

最后可以定期组织学生阅读经典著作，观看爱国主义题材影片，事后组织学生撰写读后感、观后感，由学院教师组织评审，并将优秀作品在平台上进行展示，对于学生在日常生活和学习中的先进事迹、爱国情怀等更要进行表扬，予以鼓励和支持，为广大学生树立榜样。

2.建立思想政治教育信息资源共享平台

信息作为人们日常生活、学习与工作不可缺少的资源，其在社会发展中的重要性越发得到体现。过去，人们通过读书看报等方式获取信息，现如今，人们大多通过手机、电脑等通信设备从网络上获取自己感兴趣的和需要的信息资源。纸质媒体在社会发展中形成了自身特有的优势，作为传统的文化和信息传递、交流、储存的媒介，纸质媒体具有网络媒体不可比拟的深度，与网络信息的碎片化和片面化不同，纸质媒体的专业性和整体性更强。然而相较于过去人们通过图书、报纸等纸质媒体获取信息的方式而言，互联网有着更加显著的优势，例如互联网可以利用更少的空间储存数量庞大的信息资源，人们可以随时随地进行浏览，较少受到时间和空间的限制。

随着互联网和多媒体在教学中更加广泛的应用，现代思想政治教育教学工作得到了大幅度的提升和发展，进一步收集和归纳思想政治教育教学的有关信息资源，使其在学校范围内得到传播和共享，能够有效提高学校信息资源的利用率，形成课程思政教学发展的整体优势，进一步推动课程思政的发展。

建立思想政治教育信息资源共享平台，首先，要实现思想政治教育教学信息资源的全方位的收集，通过整理图书馆的馆藏书籍和报刊等对相关思政教育信息资源进行归纳和总结，将相关信息资源通过摘抄和打印等方式搜集、储存和管理，同时将相关信息资源以电子版上传至高校信息数据库进行储存和管理；其次，在得到思政课教师、专业课教师和通识课教师的授权许可后，将有关教师的部分联系方式在教师群体中公示，使得相关教师可以通过电子邮件、网络聊天等方式进行实时的沟通与交流，也可以实现信息资源的有效共享；最后，在得到教师的授权许可后，将有关教师的教学经验、教学成果和科研成果在平台上进行展示，促进课程思政相关教师有效利用共享信息，促进自身专业发展，提升个人专业水平。通过建立和完善高校思想政治教育信息资源共享平台，建立一套完整的信息资源共享和管理体系，实现高校课程思政信息共享、数据查询的目标，能够帮助高校进一步解决高校思政课所面临的"孤岛困境"，推动课程思政的进一步发展。

二、课程思政体系建设的方法

"课程思政"是一种新型的思想政治教育理念，是新时代大学生思想政治教育新的增长点，面对部分高等院校不重视"课程思政"建设、部分专业课教师重"教"不重"育"、部分大学生对专业知识蕴含的思想政治教育元素"不埋单"等问题，我国高等院校"课程思政"建设要坚持统筹与支撑相统一、自查与培训相统一及融合与联动相统一的方法。

（一）统筹与支撑相统一

解决好"培养什么人、怎样培养人、为谁培养人"的问题是关乎我国高等教育成败的根本问题。我国高等院校"课程思政"建设是为中国共产党治国理政保证人才质量、为社会主义现代化建设输送可靠人才、为中华民族伟大复兴提供新生力量的重要举措。因此，我国高等院校"课程思政"建设的目标在于为加强党的建设、促进中国特色社会主义发展及实现民族复兴使命锻造合格的建设者和接班人。我国高等院校"课程思政"建设是为实现"怎样培养人"的问题而作出的崭新尝试，在这之前，没有现成的、先进的成功经验可以借鉴，因此，迫切需要借助党和国家的力量。"课程思政"这一教育理念从使用到建设，有力地彰显了党和国家的统筹布局和实践指导，因此，统筹与支撑相统一是解决部分高等院校不重视"课程思政"建设的有效方法。

从统筹性维度上看:

一是统筹高等院校"课程思政"的高势位建设,领导全国各地各高等院校以"两个大局"的整体视界、"后继有人"的发展需求、"民族复兴"的宏伟蓝图为着力点明晰其建设价值,将"课程思政"建设置身于中国共产党治国理政和国家前程命运的位阶上,避免出现站位失误、政策失位、施策失准等情况,着力提升"课程思政"建设的温度、高度和深度。

二是统筹高等院校"课程思政"建设的思想共鸣。领导全国各地各高等院校从灵魂旨归、价值定位、内在机理、运行机制、体系格局等层面激发"课程思政"建设思想共鸣,明确"课程思政"不是增开一门新课程,而是一种教育理念;不是通过专业课程在对大学生进行专业知识和能力培养之外进行职业伦理教育,而是通过专业课程教会大学生如何"成人";不是将专业课程上成思政课程,而是推动专业课程内涵式发展;不是思想政治理论课程的错位延伸,而是建构高等院校"大思政"育人格局,以此来厘清错误认知,回应思想难题,指明育人方向。

三是统筹高等院校"课程思政"建设的基本理论。领导全国各地各高等院校理顺国家政策一般性与地方执行特殊性、育人目标的共同性与专业课程的差异性、教师教学规范性与大学生需求复杂性的关系,科学、深入、系统地解读国家政策,分析其核心要义,明确育人方向和目标,发挥自身专业课程的特色和育人资源特性,有针对性、计划性、目的性、灵活地进行"课程思政"建设。

从支撑性维度上看:

一是完善高等院校"课程思政"建设的组织支撑。高等院校"课程思政"建设是一项系统的育人工程,从教育部到各地方、各高等院校都是这项育人工程的要素,都身兼推进"课程思政"建设的职责,因此,需要加强教育部的政策导引功能、各地方的监管督促功能、各高等院校的具体实施功能,从而建立完善的上下融通、权责清晰、协同联动、有效落实的组织领导体系。

二是夯实完善高等院校"课程思政"建设的科研支撑。国家应为"课程思政"建设提供资金支持,设置专项基金,全国各地各高等院校也要响应国家的号召,配套"课程思政"改革课题经费,鼓励各门各类课程的专业课教师依托地方实际、学校特色、学科特质、课程特征等情况进行"课程思政"建设,从而勘探出各地方、各高等院校独具特色的思想政治教育资源,为各学科、各专业、各课程增添思想政治教育特色,为"课程思政"

教学实践提供营养，厚植"课程思政"的教学资源。

总之，统筹的目的在于导引"课程思政"建设，支撑的目的在于规范"课程思政"建设，坚持统筹和支撑相统一的方法，沿着正确的轨道进行，不迷失方向，汇集多方面力量和资源，形成齐抓共管体系，有利于推动"课程思政"建设的稳步前进。

（二）自查与培训相统一

专业课教师是中国高等院校"课程思政"建设的直接参与者，实施自查和培训相统一的方法是推进高等院校"课程思政"建设的必然要求。在"课程思政"建设中，专业课教师"决定着教学内容、教学进程和教学方式"。但是，在"课程思政"的建设过程中，由于部分专业课教师欠缺育人能力，从而出现了重"教"不重"育"的现象。所以，出于在对大学生进行知识传授和能力培养过程中实现价值观教育的目的，专业课教师既要进行自我省察，增强自身的教学技能，还要积极参与相关部门组织的培训，树立"课程思政"意识。

1. 增强教学技能

我国的学校教育在教学过程和程序上，沿袭的是赫尔巴特五段教学法。教师的教学工作主要包括："备课、讲课、作业、辅导、考评"五个基本环节。所以，与之相应，备课、上课、课外作业的布置与反馈、课外辅导、学业成绩的检查与评定是教师应具备的常规教学能力。

（1）备课能力。备课过程是教师对学生开展教育教学活动的准备过程。在这一过程中，教师以学科课程标准为依据，以课程特点为依托，依据学生的具体实际情况，选择最合适的表达方法和顺序，为增强学生学习的有效性提供保证。备课是整个教育教学过程的起始环节，是教师讲好课、学生上好课的先决条件。因此，出于提升"课程思政"教学的目的性、针对性和计划性，充分发挥自身主导作用，提升自身专业素养和思想政治素质的目的，高等院校专业课教师必须提升自身的备课能力。

（2）上课能力。上课是教师对学生开展教育教学活动的中心环节，最直接、鲜明地体现了教师教和学生学的统一，是提升教学质量的关键一环。专业课教师要明确专业知识渗透价值观引导的教学目标。一是以课程标准、教材和学生实际为标准，全面、具体地把握本门课所要达到的价值观教育目标；二是具有强烈的价值观教育目标达成意识，并将这一目标贯穿于教育教学全过程。

（3）课外作业的布置与反馈能力。课外作业的目的在于加强学生对所学内容的理解和巩固，掌握一定的技能技巧，培养独立思考的能力和思维。专业课教师挖掘专业知识中思想政治教育元素的目的不仅在于使学生内化于心，还在于外化于行。所以，专业课教师在讲授完理论知识后，需拓展学生的学习空间，以价值观教育目标为导向，要求学生参加带有思想政治教育性质的实践活动，并及时反馈心得体会。这是专业课教师促进"课程思政"建设的必备能力之一。

（4）课外辅导能力。课外辅导是贯彻因材施教原则的重要举措，是在课堂教学规定的时间外对学生进行辅导。"课程思政"建设是一个长期的系统工程，需要专业课教师利用课内与课外两个渠道对大学生进行价值观引导。除了在课堂内，专业课教师还需在课外关注大学生的实际状况，对于他们在思想和行为上出现的问题，采取启发式的教学方法调动其主动性和积极性，引导学生自觉树立提升思想政治素质的意识。

（5）学业成绩的检查与评定能力。学业成绩的检查与评定是考查学生学习状况和教师教学效果、调控教学进程的重要手段。在"课程思政"改革背景下，教师需将学生的思想政治素质情况作为学业成绩的重要组成部分，提高学业成绩的检查与评定能力。专业课教师要以客观实际情况为准，不偏不倚，采用灵活多样的方法，既要全面，又要突出重点，对学生的学习情况和思想政治情况作出有效、可靠的考察与评定。

2. 增加"课程思政"的培训项目

对专业课教师增加"课程思政"培训的目的在于解决他们在理论知识和教育理念上存在的问题，通过有计划、有目的集中培训，使专业课教师在"课程思政"建设中存在的问题得以有效解决，更好地适应"课程思政"改革的要求。因此，各地区、各高等院校应大力增加对专业课教师的"课程思政"培训项目，帮助他们树立"课程思政"意识，"使其转变传统专业课程教学思维定式，明晰教师的传道授业解惑天职与价值引领、知识传授、能力培养相对应，为其开展课程思政建设提供潜在意识和思想支撑"。同时，"课程思政"培训项目离不开思想政治理论课教师的踊跃参与。

（1）增加"课程思政"的理论培训。大多数专业课教师思想政治理论水平的不足会在很大程度上影响"课程思政"的效果，所以，思想政治理论课教师需积极发挥自身的优势，协助专业课教师提升思想政治理论水平，"坚定正确的政治站位，明晰课程思政建设的目标指向，找准与专业课程相关的前沿热点问题，挖掘和融入思想政治教育元素，在专业课程的知识教育中融入价值观教育"。

（2）增加"课程思政"的实践培训。"课程思政"建设不是书斋里的学问，具有强烈的实践指向性。所以，高等院校不应仅仅在教室里对专业课教师进行"课程思政"培训，还应将"课程思政"培训搬到教室外，使专业课教师在实践中感受科学价值观的魅力。比如，革命根据地、博物馆、档案馆、红色纪念馆、红色旅游基地等都蕴含着丰富的思想政治教育资源，在实地考察过程中，思想政治理论课教师还可以发挥自身的优势，做专业课教师的讲解员，向他们讲述老一辈革命英雄为祖国作出的贡献，使他们感受到老一辈革命英雄身上所体现出的家国情怀、政治信仰、价值取向等内容，进而将其作为生动的案例用于课堂教学中，提升"课程思政"的育人效果。总之，实施自查与培训相统一的方法是解决"课程思政"建设中专业课教师育人能力欠缺的必要手段。我国高等院校"课程思政"建设是将价值观引导融入知识传授中，是实现价值性与知识性同步驱动的有力举措。这一目的能否实现以专业课教师是否具备育人能力为前提，其育人能力的强弱是决定其育人作用发挥程度的重要因素。因此，专业课教师要自觉提升自身的育人能力，学校要多组织一些"课程思政"培训活动，将自查与培训相统一的方法落到实处。

（三）融合与联动相统一

新时代下，课堂教学不再拘泥于传统意义上的形式，而是集理论、实践、网络等课堂教学于一体，虽然三种形式各有其独特之处，但是在进行"课程思政"建设的过程中，有一点是共同的，即都要实现专业课程内容与思想政治教育资源的有机融合，以及专业课教师、专业课使用的教材、教师撰写的教案、教育内容、教育方法、教学话语、教学载体、教学资源等要素的联动，因此，融合与联动相统一成为解决部分大学生认清知识传授与价值引领关系的有效方法。

1. 从元素融合的角度看

思想政治教育与专业课程的优势不同，前者的知识内容比较完备，价值体系相对完备；后者在专业边界和学科特性上独树一帜，在全面推进"课程思政"建设的过程中，如果摒弃专业课程的独特性，将思想政治教育元素强行植入、生拉硬拽，就会造成二者的机械连接。如果在勘探专业知识所蕴含的思想政治教育资源时，脱离思想政治教育的系统性，就会导致眼花缭乱、杂乱无章，只有抓住思想政治教育的主导性、系统性，重视专业课程的主动性和独特性，兼顾思想政治教育与专业课程，才能实现二者的无缝连接和有机融合。对于思想政治教育而言，要从立德树人的高位阶出发，将自身的价值旨归与核心要义融入专业课程体系，实现对专业课程的价值导引，尤其是要以马克思主义中国化的最新理论成果统领专业课程教学的政治站位和价值导向；对于专业课程而言，要以自身的根本特质为坐标，以思想政治教育系统中与自身相切合、相搭配的知识内容和价值取向为参照，深度勘探自身潜隐的育人元素和资源，"注重融入的深度"，明确实施"课程思政"

改革的关键点，从而增强思想政治教育与专业课程的向心力和凝聚力，实现有机融合。

2. 从要素联动的角度看

专业课程的范围比较广，涉及高等院校的各门各类课程，每类课程在"教师、教材、教案、内容、方法、话语、载体、资源"等方面特点鲜明，并在此基础上形成区别于其他课程的独特魅力。系统与联动意识是专业课程进行"课程思政"建设的必备意识，不仅要凸显自身在教育教学元素上的优势，使其得到行之有效的发挥，还要增进思想政治教育在队伍建设、方法选择、话语运用、资源共享等方面的特质，互通有无，优势互补。此外，还要以思想政治教育的价值导向为目标遵循，实现自身教育教学要素鲜明特点的系统联动和整合重组，将丰富多彩的教学呈现转化为"课程思政"的育人优势。

三、课程思政协同育人的渠道

（一）立德笃行推进实践课程协同育人

思想政治理论课实践教学是高校思想政治教育的重要环节，是在新形势下加强学生思想政治教育的有效途径，是提高学生思想道德修养最生动、最直接的形式。相比"4+1"理论课教学思政课的实践教学更容易调动学生的积极性和参与热情，学生反馈效果也更好。但思政课的实践教学也有其局限性。

首先是人员压力大，每位思政老师都承担着几百名学生的教学，由一个人带领几百人进行社会实践，难度大。

其次是为思政课的实践去实践，学生容易产生一种结论引导逻辑的感觉，实践效果会大打折扣。但如果能够和学生的专业实践同时进行，即学生在实习基地或者其他场景进行专业实践时因时因事因的针对性补充思想政治理论课的实践教学任务，思政课教师和专业课教师共同指导，让学生在探索专业知识的过程中完成德育实践，效果将大为改观。

（二）线上线下推进网络课程协同育人

网络是思想政治教育的新阵地，自媒体是学生信息传播的新渠道。当代学生是伴随网络成长起来的一代，他们在网络中表达自己、阅读他者，并在表达与阅读中构筑起自己的世界观、人生观和价值观。鉴于此，线下思想政治工作传统优势和线上新媒体信息技术高度融合，推进网络课程的协同创新以增强思想政治教育的时代感和吸引力，就显得尤为重要。

网络课程的录制应针对不同专业的特点，在专业课的学习中实时嵌入补充思想政治课的内容，专业学习和思政教育同向同行，通过网络平台，传播和影响更多的学生。

此外，在各个专业领域都有既懂马克思主义理论又术业出类拔萃的大家，请他们来讲马克思主义理论对其个人学习和工作的影响，讲自己对国家的认识和国家的变化，然后录制成视频；或者将介绍本领域知名科学家优秀事迹的相关影像资料分享到专业学院的网站供学生随时学习讨论，比单一的思政课程网络课程更丰富、更有吸引力和感染力。

（三）善思善用推进项目课程协同育人

项目课程又叫案例课程，思想政治项目课程是通过案例教学的方式引出理论、启迪思维从而达到思想政治教育的目的。这种课程教学方式改变了传统教学的一些弊端，在提高思想政治教育的实效性上起到了举足轻重的作用。项目课程的协同创新是指将专业课程的作品、设计、专业领域的人物事迹等补充到思政课程的案例体系中，以专业课教师专业的讲述为基础，通过思政课教师的提炼补充得以实现。

1. 思政课项目化教学改革的内涵

项目教学法，是以"教学项目"为研究对象，通过教师指导、学生主体参与去实施这一完整项目，是一种"行为导向"的教学方法。结合思政课教学内容，其项目化教学具有以下特点：

项目现实性：所选项目主题要与社会密切联系，使学生学习的针对性和实用性更好。

学习自主性：学生可以自己选择项目内容和学习形式，体现自主式独立学习，发展学生创造力。

目标综合性：思政教研室要统筹考虑大学思政课开课的2~3个学年，将长期综合项目与阶段项目结合起来，使大学生德育教育目标和思政课阶段教学目标双实现。

评价过程性：项目学习评价应注重学生在项目活动中所表现的能力发展过程，测评内容应包含学生参与项目各环节的表现以及项目作业质量。形式多样化，可以采用学生自我评价、团队成员或团队之间互相评价、教师评价等考核方式进行。

2. 思政课项目化教学的实践探索

（1）项目化教学目标的确立。项目化教学目标的确立应该包含两个方面。

首先，确立课程总目标。思政课教学的总目标是把学生培养成一个促进社会和谐发展的"健康的人"。其既要具有优良的道德品质、完善的人格、健康的心理素质和较高的文化品位，又要具有大学毕业后自我发展的人文知识结构和社会适应素质。其次，确立知识目标和能力目标。这是完成总体目标的架构元素，要紧紧围绕着总体目标展开。我们通过思政课程项目化的分解平台达到培养学生知识目标与能力目标的目的。

（2）以《思想道德修养与法律基础》课程项目化教学为例分步骤实施。分析课程模块，整合内容，分析《思想道德修养与法律基础》课程包括哪些知识点，以此进行教学内容整合。本课程要培养学生的思想修养、道德素养和法治精神，所以课程内容宏观上就分为三大模块：思想修养、道德素养和法制观念与法律规范，每个模块都围绕学生在将来的社会生活中所必需的修养进行学习，学习过程分为理论讲授、活动感受、领悟提高三个过程，最终使学生初步具备成为合格人才所必需的思想道德修养和法治意识。具体地，每一模块都从中国特色社会主义所需的合格人才某一个实际需求开始，设定一个项目主题，讲解具体理论的含义及意义；从项目活动中感受，在总结中领悟，以达到在实际生活中运用的目的。

（四）显隐相融推进专业课程协同育人

1. 建立融合型教学团队

从一定意义上来讲，不管是思政课还是专业课都是高等教育的重要组成部分，并且教师也承担着立德树人的重任。为了实现思政课与专业课的高效融合，高校首先应当建立起思政课与专业课的基本格局，发挥专业特色，逐渐实现思政教师向专业教师团队的有效融入，通过这样的方式建立起融合型教师团队，共同推进思政教学的进一步发展和完善。

在这样的背景下，思政教师应当积极参与到专业课程设计、实践教学、顶岗实习等过程中，将思政教师、专业教师及企业师傅有效结合，逐步实现协同育人的目标任务。例如，对于物流专业而言，在实践教学过程中，可以将思政教师有针对性地引入专业团队，共同挖掘物流专业蕴含的思政教学资源，并且在课堂教学开展的过程中有针对性地渗透思政内容，拓宽知识面，科学合理地设计、完善课程内容及教学模式。

与此同时，有针对性地将爱国主义精神、工匠精神、可雇佣能力、社会发展需求融入课程专业中，运用案例分析法实现思政与专业知识之间的高度融合。通过这样的方式，提高课程教学的可操作性和有效性，使得专业课中也能够积极开展思政教育，以此实现专业课与思政课的同向同行，共同推进课程的进一步发展，实现学生的全面系统成长。由此可见，将思政教育与物流专业技术技能及时有效融合，在一定程度上可以看作专业课教师思政教师与企业师傅之间的有效配合，共同搭建起高素质、优秀的、创新型师资团队。

2. 创设协同育人平台

从相关的实践调查研究中我们可以看出，大多数院校的思政课与专业课应当分属于不同的院系，其工作机制、工作理念及管理模式都有着一定的差异化特征，不管是横向还是纵向，其交互性极少，这就导致思政教育与专业教育无法形成有效的沟通交流。在这样的背景下，高校应当搭建起高校的协同育人平台，共享教学资源，以此实现思政与专业教学之间的有效融合。在实践教学开展的过程中，教师可以充分搜集教学资源，作为案例教学法的开展基础和前提，针对不同专业的学生开展差异化教学，使教学内容与学生的职业生活、行业发展息息相关，并在此基础上建立起不同专业的教学资源库。从调查研究中我们可以看出，这样的教学效果相比于传统的教学模式具有显著的提升，差异化的案例更能够激发学生的主动性和能动性，使其全身心投入思政教学过程中。

另外，要实现思政课与专业课的同向同行，专业课教师也应当深入思政课的教学现状及教学进度，根据教学目标任务，有针对性地将一些思政理念及职业素养融入专业教学过程中，从而引导学生积极探究。具体而言，专业课教师可以将思政教师所运用的案例再次引入课堂教学，让学生基于专业角度分析案例所述人物的成功之处及其所使用的专业技能技巧。通过这样的方式，将专业课与思政课结合起来，发挥教学的叠加作用，以此推动二者同步发展。

3. 拓宽思政知识学习渠道

校企合作是近年来人才培养的主要途径和渠道，高校在开展思政教育时也应当通过校企合作、工学结合的模式实现优势互补，共同推进人才的进一步发展。具体而言，在顶岗实习期间，思政教师应当与专业教师进行有效的沟通协作，由专业教师带领学生进行实践实训活动，而此时思政教师也应当抽出一定的时间和精力与专业教师一起深入一线，分析岗位职能、岗位需求及企业的发展变化，同时将企业导师纳入人才培养体系，共同开展思政教学。

第六章

高校课程思政教师专业队伍建设

第一节 增强教师的课程思政意识

一、教师课程思政建设意识分析

2020年6月，教育部颁布的《高等学校课程思政建设指导纲要》（以下简称《纲要》）从建设内容、教学体系、课程分类、支持保障等方面对进一步深化课程思政改革创新指明了方向，形成了全面覆盖、类型完整、层次递进、保障有力的体系性建设意见。《纲要》提出要提升教师的课程思政建设意识，这意味着作为课程思政的"主力军"，教师应主动建构，积极参与其中。如何从课程建设、教学方法等层面来深入思考教师课程思政建设意识的精神实质、培育的方式方法等基本问题，对于提升课程思政的教学实效，既必要、又紧迫。

作为"三全育人"整体格局下的一项长期性系统性工程，课程思政并非构建几门课程的"样板房"，而是要求所有课程都要发挥育人功能，所有教师都负有育人职责，这就意味着教师必须具备开展课程思政建设的意识和能力。对专业教师而言，这是一种全新的挑战。只有准确把握教师课程思政建设意识的学理内涵，才能有效推动课程思政在实践中的落地生根。

（一）教学理念上

教师课程思政建设意识是一种人—知互动的学科育人思维。《纲要》强调，全面推进课程思政建设，就是要寓价值观引导于知识传授和能力培养之中，帮助学生塑造正确的世界观、人生观、价值观。这一表述精准地把握了育人工作中学生成长与学科教学之间的关联，使我们更加清晰地认识到：高校课程教学首先要树立互动的价值理念，重视知识对学生成长的重要意义。知识占有并非高校教学的终极目标，面对各专业课程的知识体系，教师在教学过程中需要追问的，不仅是学生知道了什么、了解了什么；更重要的是学生懂得了什么、体会到什么，并以此获得融入社会的理念和能力。因此，知识是融入学生的成长轨迹，还是游离于其外，是两种截然不同的教学境界。对学生而言，若知识外在于学生自身成长，那仅是一般对象化的存在，是被动完成的学习任务；而如果真正融入自身发展，那知识对学生成长的意义就被激活，学生开始借助知识了解社会，积极参与社会工作，并逐渐成为社会主体。从内容上看，人—知互动既是新知识与学生已有知识的相互作用，更是学生生活实践与新知识的互动融合。在此过程中，学生基于知识储备、社会阅历对新知识进行批判性分析，反求诸己、切己体察，最终获得为学、为事、为人的道理。可见，专业课程在开展育人工作中具有强大的说服力，因为它完善的不仅是学生的知识架构，更是培养学生的认知价值、思维习惯和处事方式。因此，《纲要》根据不同学科特点分门别类地概括了各类课程开展课程思政建设的重点，目的就是使专业教师在课程思政建设中找到自己的"角色"、体现自己的"特色"，成为"塑造学生品格、品行、品位的师德模范"。

（二）教学内容上

在教学内容上，教师课程思政建设意识凸显为落叶知秋的社会理性精神。社会理性跨越了个人私欲，强化社会认知和公共精神，在遵循社会规范的基础上以求自我认识的提升、交往价值的实现和社会责任的承担，表现为一种追求社会理想的家国情怀。列宁指出："教师大军应该向自己提出巨大的教育任务，而且首先应该成为社会主义教育的主力军。"在社会主义大学中，教师的社会理性精神应表现为从立德树人的高度，把高等教育看作党和国家事业发展的重要一环，以社会主义核心价值观引领课堂教学，并致力于拓展教学的社会功能的一种实践理性。这种理性精神有利于为课程思政建设提供社会素材和分析策略，确保课程思政建设始终朝着正确方向发展。只有构建社会理性精神，教师在教学内容上才能超越单纯的知识传授，摒弃一家之言，引导学生面对社会现实问题时，既不怨天尤人，也不盲目乐观，而是在合理分析与理性判断的基础上，使学生既保持对美好生活的向往，又对社会风险有辩证客观的认识。事实上，无论是哪一门学科、哪一个知识点，都和社会整体息息相关。在此过程中，教师的职业素养要求他们具有一叶落而知天下秋的社会理性精神。如果教师对社会发展缺乏理性把握，未能将潜心问道与关注社会相统一，就无法引导学生触类旁通，形成与教学内容相匹配的社会意识，无法解决专业教育与思想政治教育"两张皮"的问题。

（三）教学方法上

在教学方法上，教师课程思政建设意识遵循着盐溶于水的有机融入原则。课程思政不能简单理解为"课程+思政"的专业教学"思政化"，教师开展课程思政建设也绝非对思政元素进行"移植""嫁接"的简单说教，而是结合不同课程特点、思维方法和价值理念，深入挖掘思政元素，有机融入课程教学，达到润物无声的育人效果。所谓"有机融入"，即要求教师所挖掘的思政元素不是生搬硬套，必须是课程本身所蕴含，在此基础上以教学需求为依据，对教学内容进行优化，提高课程的育人功能，实现所授课程在专业教育和思想政治教育上的有机统一。同时，《纲要》强调，高校课程思政要融入课堂教学建设，作为课程设置、教学大纲核准和教案评价的重要内容，落实到课程目标设计、教学大纲修订、教材编审选用、教案课件编写各方面，贯穿于课堂授课、教学研讨、实验实训、作业论文各环节。这就意味着，"有机融入"不能局限于课堂教学主渠道，教师必须遵循人才培养目标，按照本专业的培养方案，重新梳理教学内容，设计方式方法，将本专业所蕴含的思政元素进行系统梳理与再造，融入教学全过程、各环节。既要融入教学方案，确保课程思政实施的路线图中，对融入时间、方式、内容、对象等进行科学合理的设计；又要融入课堂教学，以多样化、艺术性的教学方法培养学生的思辨能力，让学生在分析问题的过程中体会到问题背后所蕴含的价值取向，实现对学生的价值引领。同时，为"把思想政治工作贯穿教育教学全过程"落到实处，课程思政就需走出教室，既要融入实践教学，在解决实际问题的过程中把实践技能教育与劳动精神培养相结合，引导学生成为有大德大爱的人；又要上网上线，借助多媒体在情感体验上的独特优势，让学生在自主学习中感悟为人处世之道，真正实现由在线学习到网络育人的转变。

（四）教学评价上

教师课程思政建设意识表现为基于目标与实效的反思能力。作为一个新生事物，课程思政对很多教师而言是"老革命遇到的新问题"，只有不断加强课程思政建设重点、难点、前瞻性问题的研究，才能进一步积累经验，这也是课程思政建设实现"弯道超车"的重要一步。要通过教学评价反思教学实际与预判的出入。因为任何课堂都有不可预料的新情况，看似正常的教学情景，往往潜藏着新的问题，其内容也绝非单纯地挖掘思政元素融入课堂教学，而是要求教师具有高度敏感的问题意识，主动质疑并发现问题。目前，虽然课程思政并无可照搬照抄的经验，但多年来德育研究的丰富理论，以及当前推进课程思政的实践案例，为教师寻求合适的解决思路提供了一定的智力支持。教师在思考的过程中需

程思政教学"量"的要求是明确的、刚性的；而对课程思政教学"质"的评价，尽管无一例外地突出其重要性，但缺乏可操作性和借鉴性，这无疑给教师造成了"重量轻质"的错觉。如何精准评价课程思政的育人实效，不仅是提升教师课程思政建设意识的重要环节，也是落实《纲要》精神，完善现行评价标准的首要问题。解决该问题面临两个困境：一方面，课程思政独特的评价标准所产生的技术性困境。不同于传统的专业教学，课程思政并非显性地、成形地存在于学科知识体系内，而是无形地隐藏于学科知识的深层逻辑之中。这就对教师的教学创新能力提出了更高要求。另一方面，各学科的特殊性和教学对象的差异性，决定了课程思政评价标准的复杂性。但当前的评价标准对这些影响因素关注并不充分，在具体实践中对教师的工作环境、学科差异、育人实效缺乏足够的理解和尊重，未能给教师在育人目标、能力特长方面留出应有的成长空间，而是硬性要求所有人齐头并进，此举不仅挫伤了教师参与课程思政建设的积极性，更削弱了教师开展课程思政教学的创新精神。事实上，这种统一性和差异化的矛盾，源自整个评价体系的制度化困境。在现实中，误认为评价指标的量化程度越高，结果就越客观准确。事实上，定量指标的滥用不仅未能反映评价对象的本质特征，而且忽视了评价的教育价值。

三、教师课程思政建设意识的培育路径

作为课程思政建设的实践者、推动者，教师的课程思政建设意识深刻影响着育人实效，培育与提升教师的课程思政建设意识不可能一蹴而就，这既需要教师积极融入社会，增强公共意识，主动追求教学生活的真善美，也需要高校高度重视，完善顶层设计和制度保障。

（一）更新观念

教师课程思政建设意识的生成需要情景体验和观念引导，其核心在于激发教师自身的主体自觉。如何激发？单纯靠制度建设、会议传达，显然是不够的。事实上，任何意识都根深蒂固地受社会生活影响，课程思政的建设意义远不止在校园围墙之内，它将更为深远地影响着青年成长和社会发展。因此，教师只有积极融入社会，用整体视角审视历史，以发展眼光看待现实，主动践行社会主义核心价值观，才能真正体会到课程思政建设的社会价值。如果教师两耳不闻窗外事，那么课程思政建设将成为无源之水，难以在多元价值观中掌握主导，到头来依旧是思政元素的生硬嵌入，教学效果可想而知。所以，教师不仅要认真对待自身教学任务，承担教书育人的光荣职责；更要积极主动关注社会，正确理性地

看待社会热点，为课程思政奠定坚实的社会基础。对高校而言，要面向全体教师及时开展世情国情党情教育，"分析国际国内形势，既要看到成绩和机遇，更要看到短板和不足、困难和挑战，看到形势发展变化给我们带来的风险"。面对出现的问题，只有摆脱非此即彼的单向思维，对任何社会问题都保持理性辨析和客观认知的态度，将正确的社会观念、合理的社会认知渗透到教学活动中，以深厚的理论功底、社会阅历和人格魅力滋养学生，才能引导学生树立正确的社会认识和理性的社会行为。

（二）拓宽视野

当前，高校常以学科边界为原则开展课程思政的经验交流活动。不可否认，此举有效提升了教师的课程思政建设意识。但随着课程思政建设的深入，这种单一学科的交流机制就会显现出一定的不足，不仅使教师产生固守学科疆界的线性思维，而且片面地将课程思政理解为专业教学中"术"的优化，忽视了对课程思政学理等"道"的提升。事实上，"和实生物，同则不继"（《国语•郑语》）。具有互补性学科背景的教师，基于课程思政教学实践中遇到的共性问题展开合作，有助于消除学科壁垒，形成开放立体的课程思政分享平台。通过教师间无障碍的交流，整合教育资源，共享建设经验，既有助于教师形成全局性的课程思政建设意识，还能促进教师从单一的线性思维中摆脱出来，培育开放性思维。因此，高校要凝聚和而不同的跨学科理念，创建平等的交流与合作平台，为教师开展课程思政建设提供智力支持。同时，要加大跨学科课程思政的研发力度，在对话、合作、共享的机制中寻求共性问题的解决，促进各学科间专业知识与育人经验的深度融合，使之相互借鉴，最终形成育人合力，构建起课程思政教学体系。在此体系中，原有学科保持自身独立，同时原有知识体系和育人经验在交叉融合中实现大幅增长和充分完善。教师在此过程中，通过团队分享、分析研判、实践反思，唤醒了个体的自我意识，达到专业知识与育人经验之间的良性互动。久而久之，具有相同愿景的跨学科"德育共同体"就能形成雏形，这不仅为教师课程思政建设意识的培育奠定了深厚的知识基础，也激发了教师的创新活力，有助于推动教师将立德树人理念转化为实际教学行动。

（三）提升质量

由于课程思政并无统编教材，在集体备课中教师更侧重于课程思政策略方法等实践层面的经验交流，忽视了课程思政学理的深度支撑。这显然不利于教师课程思政建设意识的培育。克服这一弊端，就需要创新备课形式。不同于传统备课中对知识体系的系统架构，课程思政理念鼓励教师开展隐性备课，即不直接面向教材，而是广泛挖掘学科背后的育人资源，在反思与顿悟中实现专业知识与人文素养的深度融合。高校应有意识地将隐性备课融入教师思想政治工作之中，以此提升教师对课程思政的敏感度，使教师在阅读资讯、观看视频、收听广播中去思考：信息背后传递的是何种价值观念？是否对青年成长有教育意义？如果有，如何穿插到课堂教学中，转化为教与学的互动？其呈现方式能否得到学生认同，是否充分尊重了学生的自主判断？学生听后可能会有什么反应？在今后成长中是否会得以改善？这种隐性备课，涵盖教师生活的方方面面，是一种在实践中转化理论的"中间环节"。在此过程中，教师不再是单纯凭经验办事，也不是对课程思政理念的生搬硬套，而是创造性地将理念运用于实践，最终形成一种敏锐的判断力。显然，这种判断力无法单纯从理论学习中获得，也不可能在年复一年的机械工作中获取，只有发挥主观能动性，以理论知识为基础，在实践中灵活运用，在不断总结反思的过程中顿悟而成。久而久之，教师就能形成一种"感觉"，迅速捕捉育人素材，对"教什么""如何教"做出正确判断。不仅如此，在备课过程中，对"教给谁"也要有深入了解。教师要及时了解学生的思想动态和道德认识水平，了解深受学生喜欢、社会上广泛流行的青年亚文化，并敏锐地发现存在的问题，以此来提升教师的"问题化"能力。

（四）精准评价

《纲要》强调，要把教师参与课程思政建设情况和教学效果作为教师考核评价、岗位聘用、评优奖励、选拔培训的重要内容。如何实现对教学实效的精准评价？很重要的一点，就是要转变评价理念。人才培养效果是课程思政建设评价的首要标准。无论是过程评价还是结果评价，育人逻辑都是第一位的，即紧紧围绕育人主线，制定考核标准、测评范围，借助相关测评工具，诊断问题，分析反馈，最终获得对课程思政教学的深刻认识，以及青年成长规律的精准把握。具体而言，一方面，要打破单一的学生评教制度。评价关乎的是多方利益，因此评价主体也应多元化。教师、学生以及课程思政建设的管理者是最有资格的评价主体。高校应分门别类，制定有针对性的评价标准：学生评价侧重于育人知识的"学"，同行评价侧重于育人技巧的"教"，建设管理者评价侧重于价值引领的"行"，各标准相互支撑，又互为补充。高校应根据各自特点设定权重，最终作为一个系统整体，完整反映课程思政的教学全貌。另一方面，随着云计算、学习分析等信息技术的兴起，教学评价采用更为精细化的指标日渐成为可能。借助教学过程中数据的实时采集，洞悉数据重叠关联的复杂性，降低数据缺失引发的不确定性，从海量数据中挖掘教学实效的精准信息，使整个课程思政的教学生态都建立在数据流之上，不仅超越了传统评价技术，评价更包容多样，也促进了课程思政个性化教学的发展。

第二节　提高教师的课程思政能力

一、课程思政教学能力的核心构成要素

大学阶段的学生处于从未成年人向成年人转变、从学生身份向社会职业人转变的阶段，此阶段的学生向师性的特点非常明显，并且由于高校专业课程的课时安排远多于思政课程，所以教师与学生联系更密切，同时也因其深厚的专业理论功底成为大学生最为敬仰的教学团体。教师的举手投足、待人处事的态度会对学生产生潜移默化的影响，高校教师必然成为推进课程思政的关键因素，高校教师课程思政能力的提升就显得尤为重要。

课程思政的目的在于引导广大教师切实履行教书育人并举的政治责任，推进各类课程与思想政治课同向同行、协同协作，构建全员、全过程、全方位的育人格局。

（一）意识形态的把控能力

高校是意识形态的前沿阵地，也是意识形态最活跃、最敏感的地方。坚定正确的政治立场，从思想上保持对社会主义意识形态的认同，对于坚持社会主义办学方向，培养中国特色社会主义合格建设者和可靠接班人具有十分重要的意义。高校教师作为贯彻党的教育方针，落实立德树人根本任务、实施课程思政的主体力量，必须加强把控意识形态能力的自觉性和政治敏锐性，着力提升马克思主义主流意识形态修养，不断增强把握正确政治方向和舆论导向的能力，增强讲好中国故事、传播中国声音的能力，坚决维护党和国家的大政方针，弘扬社会主义核心价值观，通过课堂主渠道唱响主旋律、壮大正能量，自觉抵制各种错误观点和言论，切实做到守土有责、守土担责、守土尽责。

以科学的理论武装夯实思想之根。高校教师必须通过扎实的政治理论学习来拧紧人生观、世界观、价值观的"总开关"。要坚持科学的学习方法，把马列主义、毛泽东思想、邓小平理论、"三个代表"重要思想和习近平新时代中国特色社会主义思想等科学理论反复学习、深入研究，做到学懂、弄通、做实。要学会从马克思主义立场、观点出发进行问题分析，拨开意识形态迷雾，透过现象看本质。

习近平总书记指出："道不可坐论，德不能空谈。于实处用力，从知行合一上下功夫，核心价值观才能内化为人们的精神追求，外化为人们的自觉行动。"高校教师践行社会主义核心价值观，以此彰显自身的意识形态立场：一是修身养德。要对照社会主义核心

价值观，提升品德修养，提高思想境界。二是知行合一。要熟知社会主义核心价值观的内涵，在基层工作实践中体现出对社会主义核心价值观的追求，以一言一行充分体现出价值操守。三是以身垂范。高校教师要在学习和实践社会主义核心价值观的过程中以身作则、率先垂范，要争做党员和群众的表率。

以卓越的落实责任熔铸思想之魂。加强意识形态工作，是各级党委（党组）的责任，是各级党组织和高校教师的共同责任。要勇于担当、敢抓敢管，勇于发声、敢于亮剑，坚持党管宣传、党管阵地、党管舆论、党管媒体，使意识形态工作的领导权牢牢掌握在坚定的马克思主义者手中，做到守土有责、守土负责、守土尽责，旗帜鲜明反对错误观点，不断弘扬正能量，确保意识形态安全和政治安全。

（二）思政资源的挖掘能力

课程思政具有以下内在规定性：第一，课程思政是基于课程价值感知与教育者主观能动性而形成的，包含着探寻课程内在价值的自觉；第二，课程思政是在遵循课程自身逻辑体系的前提下对其固有德育资源进行的内涵式开发，是课程育人价值回归的过程；第三，课程思政体现了思想政治教育格局理念的拓宽和工作规律认识的深化，包含着探索思想政治教育新模式、升华思想政治教育新理念、追求思想政治教育新成效的祈盼。

任何一门课程，除了蕴含本学科的知识技能之外，不同程度上都蕴含着丰富的思政元素，如何将这些隐性的育人元素有效地挖掘出来，把学术资源转化为育人资源，在知识技能传授的同时加强思想政治教育，是课程思政的难点也是重点。作为任课教师就是要积极发挥主观能动性，善于发现授课内容与授课对象之间的关联点，引导学生在掌握知识技能的同时，思想上受到教育，精神上受到洗礼。例如，通识课教师可以引导学生感受中华优秀传统文化的博大精深，增强学生的文化自信；医学类课程可以挖掘学科中的责任意识、奉献精神、医者仁心等元素，增强学生的职业素养；艺术类课程可以结合具体实践，引导学生感受人文精神、工匠精神、创新精神，领悟德艺双修的必要，增强学生的社会责任感和对艺术的敬畏之心。

教师应增强马克思主义理论功底，不断充实自身理论体系，提升马克思主义理论水平，善于运用马克思主义观点、立场和方法分析问题、解决问题，在实际工作中形成挖掘资源、拓展理论、运用理论的思想政治教育自觉。其二，多措并举调动学生的主体性，发挥学生参与课程思政的积极性、主动性和创造性。课程思政并非教师的"一言堂"和"独角戏"，学生参与度和获得感是衡量课程思政效果的"金指标"。结合大学生代际特征和思想政治教育各要素的变化，立足新时代所面临的新的理论诉求和实践需要，通过优化课程内容，转变话语方式，接洽学生需求创设语境等方式调动学生主体性，增强师生互动，调动学生参与资源挖掘和讲解的主动性。其三，教师可结合自身学科背景、知识经验、专业特长、研究旨趣、智慧特质进行个性化挖掘形成各自的讲义，同时增进学科沟通，邀请思政课教师和专家学者论证其科学性、政治性、可行性，协同、系统挖掘思想政治教育资源，融入课堂教学。

（三）话语体系的转化能力

课程思政本质上是一种教育理念、思维方式的创新，是在课堂教学中春风化雨、润物无声般把思政之"盐"溶入教育之"汤"，让课堂育人主渠道功能实现最大化。当前，高校在校大学生中2000年以后出生的"00"后已然成为主流群体，他们在成长环境、思维方式以及兴趣爱好等方面都呈现出一系列新的变化，学校思想政治教育的难度也随之增加。传统思想政治教育的实践表明，单纯的思想政治说教比较严肃正经，远离学生生活实际，不容易引起学生关注和兴趣，因此，在课程思政实施过程中，一定要充分考虑学生的思维方式、兴趣爱好、知识储备等方面的因素，巧妙寻找课程内容与思政教育的契合点，将复杂抽象的理论话语、官方话语结合生活实际、专业特点巧妙转化为浅显易懂的通俗话语、大众话语，并通过案例分析、分组讨论、角色扮演等学生喜闻乐见的方式，将课程中蕴含的思政教育元素阐发出来，引导学生在学习中自我反思、自我教育、自我觉悟，从而实现育人的目标。

广大专业课教师应将努力提升思想政治教育话语能力作为落实好各类课程与思政课程同向同行，回答好培养什么人、怎样培养人、为谁培养人教育根本问题的使命行动，以话语能力建设带动育人能力提升。一要增强话语议题的主导能力。特别是在各色观点眼花缭乱的新媒体时代，教师要主动借助社会热点、巧妙创设教育议题，让爱党、爱国、爱社会主义、爱人民、爱集体成为学生的"优先关注"，并通过"把好方向"建构预设的教育图景。二要提升话语内容的建构能力。通过"化大为小"，以植根生活、具体感性的思政素材"小切口"，引导学生探知中国共产党的指导思想、历史使命、奋斗目标和现阶段任务等宏阔抽象的"大世界"。广大专业课教师应在深入推动专业教育与思政教育紧密交融的过程中发掘自身思想政治教育话语"人无我有、人有我优"的优势，为立德树人找准话语切入点。一要将课程思政"主力军"的角色优势转化为话语优势。当前，160多万专业教师在高校教师群体中占比高达80%，不仅有讲清、证明"中国共产党为什么能""马克思主义为什么行""中国特色社会主义为什么好"的体量优势，更有利用课堂内外时时、事事、处处言传身教，实现自身思想政治教育话语实效加成放大的角色优势。二要将课程

思政"主战场"的场域优势转化为话语优势。课程思政建设覆盖文理工农医教艺各个学科专业课程建设，囊括公共基础、专业教育及实践等各类课程形态，教师能够借助不同的知识内容、教育载体和方法，在结合各自专业特色和育人目标的话语实践中托举出向真、向善、向美的精神内涵。

二、高校教师提升课程思政能力的必要性

（一）提升课程思政能力是时代的必然要求

教师工作之所以重要，是由于教师的工作是塑造灵魂、塑造生命、塑造人的工作。教师的根本任务是教书育人，培养和提升教师的教育教学能力，要以育人能力为核心。这里的能力不仅指教师指导学生学习技能的教学能力，更重要的是教师这一职业岗位需要最基本的育人能力，即教师的课程思政能力。教师的课程思政能力是一种符合当代素质教育要求的专业综合能力，主要是指教师必须具备整合专业知识和思政教育的内容、创新教学方法和手段的能力，能够根据学生的思想动态和认知需求，将专业知识结构中蕴藏的思想政治教育要素系统精巧地融入到教学过程中，丰富思政教育方法的多样性，提高课程思政的亲和力。在专业教学实践中培养学生良好的敬业精神、职业责任感和专业态度，这种渗透式的思政教育效果往往比平铺直叙式的传统思想政治说教更能够使学生感受深刻，同时也为学生日后成长为高素质技能型人才奠定良好基础，使学生受益终身。大学教师已成为学校教学育人的主力军，他们作为传道授业者，其职责不应该仅仅是教授知识，还应注重学生思想道德品质的塑造，利用好课堂主阵地，在教学过程中做到知识传授与思政教育有机统一，从而进一步发挥教师的核心作用。

在我国革命、建设和改革的历史进程中，我们党始终重视教育、尊重教师，注重发挥教师在学生成长过程中的作用。改革开放以来，随着高等教育体系的逐步细化和健全，专任教师的育人功能和作用不断得到重视和加强。1980年，教育部、共青团中央《关于加强高等学校学生思想政治工作的意见》明确指出，不仅专职、兼职政工干部要做思想政治工作，业务教师也要做思想政治工作，特别要发挥马列主义理论课教师和各科骨干教师的作用。进入新时代，教师教书育人的职责和内涵进一步明确。古今中外，每个国家都是按照自己的政治要求来培养人的。高校教师要坚持教育者先受教育，努力成为先进思想文化的传播者、党执政的坚定支持者，更好承担起学生健康成长指导者和引路人的责任。因此，课程思政是对新时代教师教书育人规律的新认识，为人民服务、为中国共产党服务、为巩固和发展中国特色社会主义制度服务、为改革开放和社会主义现代化建设服务，是新时代

高校教师教书育人的新内涵、新要求，推进课程思政建设是其分内职责，而不是给教师做加法、添任务，增加额外工作量。

（二）提升课程思政能力是立德树人的客观要求

课程思政是高校落实立德树人的根本举措，教师推进课程思政建设是高校落实立德树人的客观要求。一是专业课教师在高校教师中占绝大多数。教育部指出，目前我国"80%的高校教师是专业课教师，80%的课程是专业课程，学生80%的学习时间用于专业学习"，可见专业课在思想政治教育方面大有可为，专业课教师在加强思想政治教育、培育时代新人方面责无旁贷。二是专业课教师与学生之间具有天然的亲密关系。教师在学生心目中具有重要位置，学生亲其师、信其道，出于对教师专业学识的羡慕和钦佩，很容易接受教师的观点和教导；专业课教师与学生接触时间较多，对学生的学习、生活和成长比较容易产生潜移默化的影响。三是专业课教师是坚守课堂阵地的战斗员。当前，意识形态领域斗争的形势依然严峻，高校作为知识分子密集的高地和培养新时代青年的重要阵地，成为各种势力竞相争夺青年的主要战场。高校必须落实课程思政理念，只有让每一位教师把每一门课程、每一个课堂都建设成为坚持党的领导的牢固阵地，才能确保办学的正确政治方向。

人才培养一定是育人和育才相统一的过程，而育人是本。人无德不立，育人的根本在于立德。这是人才培养的辩证法。办学就要尊重这个规律，否则就办不好学。毋庸置疑，无论是哪一阶段的人才培养，其教育过程不仅仅是培育人才，更重要的是培养一个"完人"，二者在教育过程中不可偏废。尤其培养"完人"才是教育的根本。中等职业学校是承担我国中等教育的主要机构，要根据其自身的办学特点、工学结合特色人才培养模式深刻审视课程思政的重要意义，让课程思政成为推动学校思想政治教育的重要力量。加强大学生的思想政治教育不仅仅是中国特色社会主义现代化建设的迫切需要，也是每所中等职业学校对学生的成长和专业成才的基本目标和要求，同时也对每一位大学教师和学生未来的全面成长和发展具有积极意义。高校里专业课的教学比例远多于思想政治理论课，教师与学生联系最为密切。教师通过各种专业课程、专业技能中蕴含的思想政治教育元素对学生进行思想政治熏陶，将思政教育内容融入专业课堂之中，落实立德树人的根本任务。

（三）提升教师课程思政能力是协同育人的保障

要用好课堂教学这个主渠道，思想政治理论课要坚持在改进中加强。其他各门课都要守好一段渠、种好责任田，使各类课程与思想政治理论课同向同行，形成协同效应。实施专业课程思政，需要每一位教师的积极参与和不断实践。教师要站在"育人"的高度，主动担负起培养德智体美劳多方面发展的新时代职业人的职业责任，强化专业课程思政意识。提升高校教师的课程思政能力，才能更好地发挥专业课思想政治教育的效果，充分体现专业课程思政育人能够弥补单纯的思政课教学成效欠佳的不足，从而构建学校思想政治教育同向同行的课程生态共同体，实现思想政治教育显性教育和隐性教育相统一。

三、高校教师课程思政能力提升的作用

（一）提升教书育人效果的有效措施

高校教师既要教书，也要育人，不仅要做知识技能的传播者，也要做学生成长成才的引路人。长期以来，高职院校对教师的任职要求主要强调学历达不达标、有无行业企业工作经历、是不是双师型教师等方面，对于教师育人的要求主要停留在柔性的倡导上，教师有无育人的意识以及育人的能力如何，主要靠教师的自觉，这就导致教师群体在育人意识和育人水平方面参差不齐，直接效应就是教师在课堂上讲什么、怎么讲、讲多少存在较大差异。在全国高校积极贯彻落实全国高校思想政治会议精神以及全国教育大会精神的背景下，教师队伍育人意识、育人能力参差不齐的状况直接影响课程思政育人的效果。

教书和育人是一个统一的整体，两者不可分割。一直以来，在高校思政领域存在一些模糊观点和错误认识。有人认为，思想政治工作是校领导、党务干部、思政课教师和辅导员、班主任的事情，与专业教师和其他人员没有关系；有的专业教师认为专业课堂只负责传授专业知识和专业技能；有的教师认为教学任务的完成也即育人任务的完成等。受此影响，高校很容易把对大学生的思想政治教育责任聚焦在思政课和思政课教师身上，忽视专业课和专业课教师的大学生思想政治教育功能，放松对专业课教师的要求，加之一些专业课教师对课堂教学的价值引领意识不强或能力受限，便导致了大学生思想政治教育与专业教育"两张皮"现象，致使思想政治教育实效性大打折扣。课程思政理念强调"课程门门有思政，教师人人讲育人"，主张将主渠道由单一的思政课扩展为各门、各类所有课程；将队伍由思政课教师"专人"扩展到所有教师"人人"；将内容由思政学科知识扩展到所有课程蕴含的思政教育功能和思政教育资源等，实现了对高校大学生思想政治教育的全方位扩展，有利于"三全育人"大思政格局的构建，有利于进一步提升教师教书育人效果。

（二）提升教师自身政治素质

高校提升课程思政教学能力也是新时代高职教师提升自身政治素养的需要。《国家高等教育改革实施方案》指出，要"落实好立德树人根本任务，健全德技并修、工学结合的育人机制"。所谓"德技并修"，就是不仅要培养学生具备较高的技术技能水平，还要教育引导学生坚定理想信念、厚植爱国情怀、加强品德修养、增长知识见识、培养奋斗精神、增强综合素质。高职院校许多教师年纪与学生接近，工作生活阅历简单，对世情、国情、党情、社情的了解不深，教学上理论联系生活实际不够，也不能有效回应学生在学习、生活中遇到的困惑，育德能力有待提升。根据"教育者先受教育"的原则，教师必须遵循"四有好老师"的标准和"四个引路人"的要求，积极吸收储备思政教育知识，不断提升育德意识、育德能力，在润物无声中，实现知识传授、价值引领和能力提升的有机统一。

四、加强高校教师课程思政能力建设的路径

课程思政要求教师能同时把握专业授课能力和思政育人能力，需要教师树立课程思政的教育理念，丰富思政知识，改进教育的方法和手段，学校要健全教师考评机制。

（一）提升教师思想认同

一个人的行为方式受制于其特定的观念和思想。因此，教育理念对教师日常教育教学行为起到重要的支配作用。为了实现教师的思政教育与专业教育的有机融合，提高大学教师的课程思政能力，就必须切实加强教师的思想政治觉悟、思政育人意识和准确把握思政育人时机的能力，不断提高自己的理论素养，做到全心全意为学生着想。教师要深入理解思政育人的教育理念，才能促成其实现专业课程教学理念与思政育人理念的有机融合，发掘蕴藏在专业课程中的思想政治元素，担起立德树人的职责。针对目前大学院校大多数专业课教学存在的"重专业、轻思政"的现象，一方面，学校应当做好教师的引导工作，及时帮助教师转变教学思维，加强教师的课程思政相关培训，如通过组织大师讲演活动、举办思政大课堂等方式，增强教师在专业课程教学中主动挖掘德育资源、寻求专业与思政结合点的意识，打通教师和思政课教师的交流互动通道；另一方面，教师应将主流核心价值观融入工作过程的始终，落实教学中真理和道德的高度协调，贯彻知识传授和思想教育高度融合的教学方针，推动浸润式思政育人模式的深入发展。同时，教师要在专业课教学实践中反思并改进教学方法，总结先进工作经验，实现专业思政育人能力的提高。

推进课程思政改革，改变高校专业教育与思政教育"两张皮"现状，首先就是要提升

教师对课程思政、协同育人的理解、认同。通过教师文化建设、组织学习培训、评选"四有好老师"等多种途径，引导教师积极响应立德树人的时代要求，将教书、育人结合起来，知识技能传授与思想价值引领结合起来，各自"守好一段渠，种好责任田"。此外，打通师资专业结构壁垒，着力构建思政课教师、专业教师和辅导员共同参与的课程思政教学团队，开展集体备课、听课助讲等活动，打造共建、共享、共惠的课程思政教育平台，最大限度地实现职能互补、优势叠加、协同育人。

（二）强化课程思政的引领功能

俗话说，教师想要给学生一碗干净的水，自己就必须先拥有一桶干净的水。这就是强调教育者必须要先于学生受到好的教育。思政知识和能力是教师提升课程思政能力的基石，教师缺乏思政知识和能力，就难以在专业课中有机融入思政知识。不过将思政内容渗透到实际的专业课课堂教学中，对每一位参与的教师都是一次挑战。加强教师思政能力建设要求教师深刻把握课程思政的内涵和实施要领，立足自身专业定位，不断拓宽思政知识视野，以丰富的思政理论素养将思政教育穿插在专业教学的始终。高校教师必须不断更新自身的知识体系，加强政治理论学习，提高自身的政治理论功底，正确把握思想政治理论的科学内涵和精神实质，针对课程的特点选择符合对口的思政内容，将思政教育内容融入专业课程之中，丰富和拓展思想政治教育的内蕴和外延，增强课程思政的魅力和感化功能。为此，教师要有针对性地利用线上线下各种渠道丰富思想政治理论学识，例如参加专家召开的思想政治理论培训课、积极组织跨学科交流会等，紧跟时代的步伐，与时俱进，以期更好地挖掘本学科专业的育人因素，唯有如此，才能在专业课程思政中做到博观约取，如臂使指。

（三）改进专业课程思政的教学方法和手段

高等教育的首要目标是培养具有高素质和创新实践精神的专业人才。较之接受普通教育的学生来说，对大学生进行思想政治教育则具有明显的差异性和特殊性。因此，教师在实施课程思政时，要遵循思想政治教育规律，把握大学生成长特点，不断提高思政教育能力和水准。

专业课程思政应摒弃长久以来形成的强制性的单向灌输式思政教育，强调教学可多采用合作探究、启发式教学、专题拓展延伸活动、模块化教学、实践教学等方法，在保持专业特色的基础上注重融会贯通、师生双向交流拓展，把思想政治教育的内容和要求体现到各学科教育中，体现到专业学科教学工作和管理制度中，使传授知识过程转化为课程思政的教化过程。例如，将现代先进的教学技巧运用到实际教学中，通过直观灵活的教具和具体的实训环境，启发学生对专业历史的兴趣，激发学生通过自主合作探究的方式形成正确的专业价值观念。

另外，针对大学生的学习特点，教师要实施激励与约束并重的教学方法，改变传统课堂"轻学习过程、重考试结果"的倾向。在专业课学习中使学生懂得遵章守纪的重要性并学会制定学习目标，在主动追求学习目标的过程中获得成长。在参与生产劳动和社会实践中尊重学生的探索精神、质疑精神和创造精神，关心学生的思想和情感，尊重学生的表达。通过螺旋上升式地开展专业课程思政，能够提高学生接受思政教育的积极性，实现思政教育的立体化渗透和浸润式演绎，在专业课堂中产生思想的碰撞和情感的沟通。

参考文献

[1]吕云涛.从理念到实践：当代高校课程思政路径探索[M].长春：吉林大学出版社，2022.

[2]陆官虎.高校课程思政工作建设研究[M].长春：吉林大学出版社，2022.

[3]宗爱东.课程思政：一场深刻的改革[M].上海：上海人民出版社，2022.

[4]宋红波，陈尧.高校外语课程思政理念与实践研究[M].武汉：武汉大学出版社，2022.

[5]高秀萍.基础教育阶段学科教学课程思政的探究[M].沈阳：东北大学出版社，2021.

[6]李薇，沈大明.多重视域下课程思政研究[M].北京：中国轻工业出版社，2022.

[7]谢瑜，杨成，景星维，等.思政课程与课程思政融合的教学研究[M].成都：西南交通大学
    出版社，2021.

[8]游少鸿.面向卓越人才培养的课程思政教学案例[M].北京：冶金工业出版社，2022.

[9]文学禹，韩玉玲.高校课程思政体系构建与路径研究[M].长春：吉林人民出版社，2021.

[10]文旭，徐天虹.外语教育中的课程思政探索[M].重庆：西南师范大学出版社，2021.

[11]蒋瑛，邓常春.高校课程思政的思考与探索[M].成都：四川大学出版社，2022.

[12]王蜜蜜.新时代大学英语课程思政教学指南[M].长春：吉林大学出版社，2022.

[13]刘莉莉.课程思政研究与改革实践[M].北京：北京航空航天大学出版社，2022.

[14]贾爱武.新时代高校外语专业建设与课程思政理论与实践[M].杭州：浙江工商大学出版
    社，2021.

[15]张娇.课程思政育人实效性研究[M].北京：中国纺织出版社，2022.

[16]方武.课程思政与高校体育课堂教学的融合研究[M].北京：中国纺织出版社，2022.

[17]金丽馥，王玉忠，吴奕.润物无声：思政课程与课程思政"江大元素"汇编[M].镇江：
    江苏大学出版社，2021

[18]马建辉，文劲宇.新工科背景下专业课程思政教学指南[M].武汉：华中科技大学出版
    社，2022.

[19]李小帆.经济学通识课课程思政教学方法与案例[M].武汉：武汉大学出版社，2022.

[20]高芳华.新时代中职语文课程思政解析[M].长春：东北师范大学出版社，2020.

[21]姜雅净，程丽萍.三全育人理念下高校课程思政改革实践[M].上海：立信会计出版社，2021.

[22]李树芬.建筑工程施工组织设计[M].北京：机械工业出版社，2021.